착한 이기주의

착한 이기주의

김수환 지음

리즈앤북
ries & book

이제 이기적으로 살아라

나는 첫 직장에 7년 만에 사표를 던졌다.

지난 7년간 나와 동료들은 늘 이런 얘기로 잠깐의 쉬는 시간을 채우 곤 했었다.

"어우, 일이 너무 많아. 오늘도 야근이야."

"평일에 일하지, 주말에 애랑 놀아주지, 진이 다 빠진다."

"좀 쉬고 싶어. 와이프 얼굴 본 지도 오래 된 것 같아."

"여름휴가 때 말고 좀 조용할 때 내 맘대로 휴가 내고 가족 여행이 나 오붓이 다녀오고 싶다."

이런저런 푸념이 오가도 결국에 그 자리는 이런 말들로 마무리되었다.

"근데 시간이 없어."

"돈 벌어야지 어떻게 관두냐!"

"다들 이렇게 사니까 뭐."

당신도 이런 자조 섞인 말들을 입에 달고 살지는 않는가?

사표를 내고 내 생활을 새로 정비하기 전까지는 나도 이렇게 하루를 시작하고 하루를 마무리했었다. 집에서 아내와 아이들과 시간을 보낼 때는 어느 순간보다 행복했다. 하지만 회사에서 녹초가 돼서 퇴근하면 함께 놀아주기는커녕 한자리에 앉아 있기조차 힘든 때가 더 많았기 때문에 마음 한 켠에는 늘 미안함이 있었다.

회사에 출근해서 정신없이 일할 때는, 회의와 발표 자료를 준비하는 그 순간에는, 힘든 일들을 하나하나 해낸다는 성취감이 있었다. 하지만 가슴 한켠에서는 '오늘 저녁에도 아이들과 제대로 놀아주기 힘들겠구나' 하는 미안함이 스믈스믈 자라났다. 그러다가 갑자기 술자리라도 생기면 이런 죄책감에 폭탄을 던져버리는 것 같은 기분이 들었다. 이런 미안함과 죄책감이 일상생활에 스머든 최근 3~4년은 결국 매년 두어 번씩 병원에 입원하는 생활을 하게 되었다. 몸이 생활을 못 버티기 시작했다. 그래서 나는 7년 만에 첫 직장에 사표를 던졌다.

30대인 내 친구들이 삶의 균형이 무너진 것을 느끼고는, 그 밸런스를 바로잡기 위해 불쑥 사표를 던지지 않도록 이 책을 쓴다. 꼭 회사를 그만둬야 생활의 밸런스를 잡을 수 있는 것은 아니다. 미리 자신의 행복을 최우선으로 하는 'me-first 착한 이기주의'를 의사 결정의 기준으로 삼는다면, 이런 힘든 상황은 미리 예방할 수 있다.

화제의 드라마 〈미생〉에서도 말하지 않았던가. '회사 밖은 지옥이다'라고. 굳이 회사를 그만두고 지옥으로 나가서 일과 삶의 균형을 잡기 위해 애쓸 필요는 없다. 회사에서 '착하게' 이기적으로 생활한다면 지금의 생활은 더 나아진다.

그리고 가정생활에서도 '나의 행복을 최우선'으로 하는 이기적인 의사 결정 방식에 대해서 내가 공부하고 정리한 것들을 공유하고자 한다. 가정생활, 결혼생활에서 생길 수 있는 문제들을 미리 예방할 수 있다면 생활의 행복은 더 가까워질 것이다. 가정생활에서 특히 예방이 중요한 것은, 부부란 갈등이 생긴다고 해서 회사에 사표 내는 것처럼 이혼해 버릴 수는 없기 때문이다. 이혼을 하고 그 후에 밸런스를 잡는다고, 행복을 찾는다고 그게 잡아질까? 오히려 더 큰 시련으로 다가오지 않겠는가?

나는 7년 동안 평범한 직장인생활을 했었다. 제약회사에 입사해서 회사의 꽃이라고 하는 마케팅 부서에서도 4년 동안 일을 했다(한 조직의 꽃이라고 하는 이유는 그만큼 중요해서이기도 하고 업무량이 많아서이기도 하다). 그러는 동안 결혼도 하고 두 아이가 태어났다. 1년 연애하고 결혼하여 현재 5년차인데, 아내와는 다행히 서로 배려하면서 아직 한 번도 다툰 일 없이 잘 살고 있다. 내가 사표를 낸 시점은 누구보다 회사생활을 열심히 해야 하는 7년차였다. 바로 그때 나는 회사를 그만두고, 비로소 무너진 삶의 균형을 잡기로 했다.

그림 1. 저자의 사회생활, 직장생활

우리 삶의 큰 두 축인 회사생활과 가정생활은 그 둘의 밸런스가 굉장히 중요하다. 둘 중에 더 중요하고 덜 중요한 것은 없다. 다만, 지금 우리는 회사에서는 '미생'이고, 집에서는 '슈퍼맨' (슈퍼맨이 돌아왔다)이 되어야 한다. 이렇게 허덕거리면서 살아서 나의 행복이 뒤로 밀려버리니까 결국 회사생활과 가정생활의 밸런스가 무너질 수밖에 없다. 내 행복의 우선순위가 뒤처져버리는 생활에서는 회사생활과 가정생활이 잘 돼도 결국 공허할 뿐이다. 무엇을 위해서 이렇게 열심히 이를 악물고 살아가는지…. '미생'이 '슈퍼맨'이 되기 위해서는 오히려 내 행복을 제일로 생각해야 한다. 그리고 생활에서의 밸런스를 잡아야 한다.

회사생활을 하면서 일과 삶의 균형을 왜 잡아야 하며, 왜 필요한지, 어떻게 조율할지에 대해서 고민해 보자. 결국은 내가 행복하기 위해서이다. 회사에서의 성공도 나의 행복을 위해서이다. 내 가정이 화목한 것도, 배우자의 성공과 아이들의 건강도 모두 결국 내가 행복하게 살기 위해서이다. 그런데 우리는 지금까지 나의 행복을 희생해서 다른 사람들의 삶을 지원해 왔다. 회사의 실적을 위해서 스트레스를 받았고, 회사의 자료를 만들기 위해서 야근을 하고 건강을 희생했다. 이런 생활로 인하여 가족들에게 죄책감을 느끼며 미안한 마음으로 퇴근했고, 쉬면서 회복할 수 있는 주말을 반납했다.

다들 그렇게 살기 때문에 나도 그렇게 살아가는 것이 당연하다고 생각한다면 그것은 잘못이다. 내가 행복하게 살 수 있는 방법을 찾아야만 한다. 그 방법으로 나는 '착한 이기주의'를 말하고자 한다.

'착한 이기주의'는 왜 지금 나의 생활이 가장 중요한지, 왜 우리에게 밸런스가 필요한지, 그리고 일과 삶의 밸런스를 어떻게 조율하며 살지에 대한 조언을 준다. 이런 조언들을 생활에 적용해 본다면 우리는 지금보다 균형 잡힌 삶을 살 수 있다. 밸런스가 무너진 상태로 가정과 회사라는 두 바퀴에 끌려만 가는 생활을 계속하게 되면 결국 한쪽 바퀴가 망가질 것이다. 그러면 '행복한 나의 삶'에 도달하기가 더욱 어려워질 뿐이다.

이 책의 각 장에서 이야기하려는 바는 아래와 같다.

1. 당신의 삶이 행복해지려면 me-first

복잡하고 힘든 우리의 생활에서 우리를 가장 힘들게 하는 원인은 전체의 20%라는 것을 강조하고 있는 장이다. 이 장에서 제시하는 자료들에 동의한다면, 당신의 스트레스 80%를 만들어내는 20%의 핵심 원인들이 무엇인지 생각해 보자. 다른 사람들의 생각과 판단 때문에 나의 행복을 접어두고 생활하는 것이 없는지 고민이 필요하다. me-first 착한 이기주의는 다른 사람들에게 나쁜 영향을 주지 않으면서 20%의 원인을 제거할 수 있는 방법을 알려준다.

2. '지금행복', '나의 행복' = '착한 이기주의'

이 장은 '나의 행복한 삶'을 구성하는 요소가 어떤 것들인지에 대하여 생각하면서 읽어야 한다. 인용하고 있는 논문들과 리포트들은 방대한 자료를 바탕으로 작성한 것들이다. 내가 행복하기 위해서 요즘 같이 힘든 시기에 이런 것들을 다 챙기려고 하면 나쁜 이기주의가 아닌가 하는 생각이 들 수도 있다. 하지만 그런 생각이 든다면 지금까지 너무 자신의 행복을 희생하면서 살아온 것이 아닌가 반문해 보자. 당신 삶의 행복에 반드시 필요한, 그래서 더 이상 양보할 수 없는 것들을 지켜내도록 용기를 내보자 .

3. 내 삶에 큰 축, 직장에서 착한 이기주의로 사는 법

직장은 내 일상의 대부분을 보내는 곳이다. 이곳에서 얼마나 나의 행복을 확보하느냐가 행복한 일상을 누릴 수 있는지 아닌지를 결정한다. 회사는 당신에게 급여를 준다. 급여를 받는 이상 그에 상응하는 일을 해야 한다. 같은 시간에 더 많은 일을 높은 효율로 해내고 싶고, 같은 일을 하지만 그만큼 혹은 그보다 더 인정을 받고 싶고, 그래서 결국 연봉을 더 높게 받고 싶다면, 이 장을 주의 깊게 읽어야 한다. 만약 여기서 제시하는 방법이 제대로 통하지 않는다면, 이런 방법이 통하는 다른 회사로 옮기는 것도 내가 선택할 수 있는 또 하나의 선택 사항이라는 것을 명심하자.

4. 결국 내가 돌아가 쉴 곳, 가정에서 착한 이기주의로 사는 법

회사에 비해서 가정에서 보내는 시간은 적다. 하지만 그 중요성과 영향력만큼은 절대적이다. 배우자, 아이들에게 제대로 하지 못한다면, 그 죄책감과 미안함은 일상생활을 지배해 버린다. 죄책감이 지배하는 생활에서 행복하기란, 바늘 위에 서서 찔리지 않기를 기대하는 것과 같다. 그러므로 가정에서 행복하게, 화목하게 지낼 수 있는 방법을 제시하는 이 장은 소통이 핵심이라고 할 수 있다. 결혼과 출산, 육아 등으로 변화무쌍한 가정생활을 잘 해나갈 수 있도록, 나의 노력과 집중이 가정에 맞춰져 있는 것을 가족들이 잘 느낄 수 있도록 표현하는 법, 그래서 나의 행복을 이룰 수 있는 방법을 알아보자.

5. Communication; 두 마리 토끼를 잡는 단 하나의 비법

3장과 4장에서 반복해서 이야기하는 내용은 결국 커뮤니케이션, 즉 소통이다. 직장에서 착한 이기주의로 의사를 결정하고 행동할 때 그것이 단순한 '이기주의'로 오해 받지 않도록, 그리고 가정에서 나의 말과 행동이 피곤한 아빠의 이기적인 짜증이나 고집이 되지 않도록, 회사와 가정에서 소통하는 것이 중요하다. 이 장에서는 논문과 기사, 레포트들을 인용하면서 원활한 소통을 위한 실질적 적용법을 알아본다.

6. 행복과 성공의 밸런스; 착한 이기주의 실천하기

6장은 실제로 적용해 볼 수 있는 여섯 가지 방법을 제시한다. 사진을 찾고, 주변 사람들에게 이야기하고 다니고, 스스로 세뇌하고, 제대로 된 휴식을 찾는 방법 같은 것들을 그냥 무작정 따라하라고 하면 이상하다는 생각이 들 수 있다. 하지만 함께 제시하고 있는 근거 자료들을 찬찬히 읽어본다면, 어떤 방법들보다 강력하고 효과적인 방법이라는 것을 이해하게 될 것이다. 우선 머리로 이해가 된다면 가슴으로 믿고 실천해 보자. 시간이 조금 흐르고 나면 당신의 생활이 더 행복해지는 변화를 느끼게 될 것이다.

이 책을 통해 직장과 가정이라는 두 마리 토끼를 다 잡는 행복을 누릴 수 있길 바란다.

| 차례 |

Communication; 두 마리 토끼를 잡는 단 하나의 비법

행복과 성공의 밸런스; 착한 이기주의 실천하기

Part 1

당신의 삶이 행복해지기 위한
me-first

01. 지금 당신의 삶에서 무너진 것이 무엇인가?

    요즘 30대 직장인, 그러니까 또래 직장 동료들과 커피 한 잔, 맥주 한 잔 마실 때면 아마 다 비슷한 이야기를 할 것이다.

    "내 생활의 밸런스가 완전 무너졌어. 너무 바쁘고 힘들어서 맨날 야근이고, 주말에도 가족에 충실하지 못해."

    회사를 다니는 동안 나도 매일 했던 생각이다. 나는 직장 7년차, 결혼 5년차, 두 아이의 아빠이고 연봉은 대략 6천만 원 정도였다. 나쁘지는 않았다. 하지만 나는 최근 3년간 거의 매년 두세 번씩 급성스트레스성 장염으로 입원과 퇴원을 반복했고, 1주일에 3~4일은 새벽 한두 시에 퇴근하고 그날 여덟 시 반에 출근했다. 무리해서 출근해 일하다 버티기 힘들 때는 회사 지하에 있는 병원에서 한 시간씩 링거를 맞고 올라와서 근무했다. 네 살 된 딸과 보행기를 타고 다니는 8개월 된 아들은 퇴근하면 늘 자고 있었고, 출근할 때도 자고 있었다. 주말에는 아이들과 놀아줄 체력이 없었다.

그림 2. 과로가 쌓이면서 입원이 늘어난 빈도

결혼을 하고 아이가 태어나니, 회식할 때 결혼을 먼저 한 회사 선배들한테 자주 듣는 레퍼토리가 생겼다.

"지금(신혼, 아이가 갓 태어난 즈음)이 제일 좋을 때다. 나중에 아이들이 자라면 아빠는 쳐다보지도 않아. 지금 많이 눈에 담아둬라."

"회사에 너무 충성하지 말고 가정을 돌봐라."

"나는 이번 명절도 바빠서 부모님 뵈러 못 간다."

거의 모든 선배들이 이런 이야기를 했다. 같은 회사의 선배들이 거의 동일하게 경험하고 있다는 것은, 나도 그와 같은 경험을 할 가능성이 굉장히 크다는 것을 의미했다. 그런 생활은 절대로 내가 원하는 것이 아니었다. 이 생활을 계속하다가는 나도 후배들에게 똑같은 말을 해줄 선배가 될 것이 뻔했고, 그렇다면 지금 뭔가 바꿔야 했다.

내 삶의 밸런스는 꽤 많이 무너져 있었다. 2015년 새해를 맞이하면서 결심했다. 올해는 회사 그만두고 내 삶을 찾아야지! 첫 직장생활을 한 지 7년째가 되는 해였다.

이런 결심을 친구들에게 이야기하면 이구동성으로 말했다.

"회사 그만두면 돈은 누가 벌어?"

"회사 그만두면 다른 데 취직은 어떻게 할 거야?"

"이직할 곳을 결정하고 나가야지, 그냥 나갔다가 완전 백수 되면 어떻게 할 거야?"

"경력 단절되는데, 사회생활 길게 봤을 때 큰 손해 아니겠어?"

일단 결론부터 이야기하면, 회사를 그만둬 보니까, 좀 쉬어도 괜찮다! 내가 스스로에게, 그리고 거의 모든 사람들이 했던 그렇고 그런 걱정들은 모두 기우였다. 좀 뒤틀려 있던 일상이 조금씩 제자리로 돌아오고 있다. 매달 받는 월급을 포기하지 못해서 한동안 포기하고 지냈던 많은 것들을 되찾아가고 있다. 그리고 되찾은 것들의 가치는 연봉 6천만 원보다 훨씬 크다. 아침에는 첫째 딸아이 손을 잡고 어린이 집에 데려다주고 있다. 나는 건강을 회복하고 있고, 표정이 밝아지고 있다. 유머감각이 살아나서 많이 웃는 유쾌한 사람이 되고 있으며, 그간 하고 싶었던 일들의 리스트를 만들어서 하나하나 해나가고 있다. 앞으로 10년간 하고 싶은 일을 생각할 여유가 생겼고, 그 일들을 할 준비를 생각할 수 있게 되었다. 내 삶을 조금은 떨어져서 바라볼 수 있게 되었다.

지금은 밸런스를 잡아가면서 조만간 다시 일을 시작하기 위해서 이직을 준비하고 있다. 마냥 균형만 잡고 있을 수는 없다. 일을 하지 않고 계속 쉬기만 하면 이번에는 균형이 반대로 무너질 것이다. 이제는 다시 회사로 돌아가 일한다면 밸런스를 잡으면서 일할 수 있을 것 같다. 회사에 올인하지 않겠다는 이야기가 아니다. 일은 내버려두고 매일 정시 퇴근하겠다는 말도 아니다. 건강을 해쳐가며 무리해서 일하다 잃었던 것들을 회사를 그만두고 겨우 바로 잡았으니, 이번에는 그 균형을 무너뜨리지 않겠다는 뜻이다.

당신이 이 책을 읽고 사직을 결심할지, 아니면 맘 잡고 다시 회사를 열심히 다닐지는 알 수 없다. 다만 나는 내가 퇴사를 하고, 시간과 노력을 들여서 공부해 알아낸 것들, 즉 삶의 균형을 잡는 방법을 독자들과 공유하고 싶어서 이 책을 쓴다. 이 방법들을 적재적소에 잘 응용하면 나처럼 퇴사를 하지 않아도 현 상태에서 삶의 균형을 잡을 수 있다. 혹은 회사를 그만두고 가정에 충실할 수 있는 시간이 주어졌을 때, 당황하지 않고 하루하루를 소중하게 활용할 수도 있다.

1장에서는 삶의 균형이라는 것이 대체 어떤 것인지, 2장에서는 왜 삶의 균형을 잡아야 하는지, 3장과 4장에서는 직장과 가정에서 균형을 잡는 방법, 5장에서는 직장과 가정 두 마리 토끼를 다 잡는 방법, 6장에서는 내 삶을 내 것으로 만드는 방법을 공유하고자 한다.

결국 이 책은 관계와 소통에 대한 책이다. 직장에서 동료들과의 관계, 가정에서 배우자와 자식들과의 관계를 잘 유지할 수 있도록 소통하는 방법, 그래서 결국 당신이 양쪽에서 밸런스를 잡을 수 있는 방법을 알려드리겠다. 읽어보고 당신의 생각과 변화도 나와 공유해 주었으면 한다.

02. 평일: Nine to Six+OT, 주말: 가족에 충성

모두가 피곤한 나라

행복한 나라 순위, 국가별 삶의 균형 순위 같은 지표들이 발표되면 나는 뒤에서부터 한국을 찾는다. 2015년 OECD에서 발표한 한국의 삶의 균형 지표는 하위권이다. 원래 하위권이었지만, 안타까운 것은 36개 나라 중 2014년 25위였던 것이 2015년에는 27위로 더 떨어졌다는 점이다. 근무시간이 주당 50시간 이상인 근로자의 비율은 18.7%로 터키, 멕시코, 일본 다음 4위에 올라 있다. 일하기 힘든 나라에서 힘들게 일하기 때문에 내가 지금 힘든 것이 당연하다고 받아들이면 안 된다. 나 혼자 힘든 것이 아니라 다 같이 힘들고 어렵기 때문에 당연히 참으면서 살 수 있는 것도 아니다. 늦은 감이 있지만 지금이라도 우리는 '일과 삶의 균형'을 잡아야 한다.

이제는 이를 악물고 일하는 것이 능사가 아니다. 이를 악물면 치아가 망가질 뿐 아니라 지속 가능한 생활을 할 수가 없다. 해도 해도 줄어들지 않는 일, 잠을 줄여가면서 해야 하는 일, 가족과의 생활을 희생하면서 하는 일…. 이런 일들은 우리가 지속적으로 일하는 데 잠재적 위험도가 아주 높은 장애물들이다.

회사 동료들이 비슷비슷하게 이런 생활을 하기 때문에 '우리는 원래 이렇게 살아'라는 생각도 여러 번 해봤다. 대학생과 직장인의 55.8%가 평일에 대여섯 시간을 겨우 잔다고 한다. 가정이 있는 직장인들은, 주말이면 애들을 차에 태우고 어디 가까운 교외라도 나가고 외식이라도 해야 면죄부를 얻은 것 같은 기분이 들기도 한다. 주중에 무리해서 일하고, 주말에도 쉬지 못하고 가족을 위해서 무리한다. 그다음 주의 일들이 잘 풀릴 리가 없다. 악순환의 연속이다.

그래서 백수가 되었다

내 생활이 정확하게 이랬다. '이건 아니야… 이건 아니야…' 하면서 그렇게 지내다가 사표를 던지기로 결심했다. 결심이 후회가 될까 봐 바로 제출했다. 그리고 지금은 일을 하지 않고 쉬고 있다. 회사를 그만두고 나온 지금은 무너진 밸런스를 다시 잡기 위해서 노력하고 있다.

시스템에서 아등바등 살아갈 때는 알면서도 무시하면서 지냈던 것이 퇴사를 하고 나니 더 크게 보이고 더 중요하게 느껴졌는데, 그것은 다름 아닌 밸런스이다. 우리 생활의 가장 큰 축은 가정과 직장이다. 이 두 개의 밸런스는 그 자체가 젊은 우리들에게는 삶이고 생활이다.

하지만 근무 여건, 업무량, 동료들과의 갈등 등에서 기인하는 스트레스를 이겨내면서 일하고, 가정생활을 유지하기 위해서 없는 에너지를 쥐어 짜내다 보면 우리의 밸런스는 너무 쉽게 무너진다. 그리고 한 번 무너진 밸런스는 멈추지 않고 계속 무너진다. 이렇게 무너진 밸런스는 생활을 완전히 망가뜨리기 전에는 다시 회복할 기회를 찾기 어렵다. 보통 '완전히 망가진 상태'는 건강을 해치고 쓰러지거나, 가정생활에 문제가 생겨 배우자와 심각한 갈등이 생기는 경우가 많다.

내 경우에는 매년 두세 번씩 입원을 했었다. 스트레스성 장염에 걸려 새벽에 탈수로 응급실에 실려 가 양팔에 8개의 링거를 맞기도 했다. 쓰러져서 병원 침대에 누워 있으면 '이렇게 일해서 결국 쓰러지면 뭐하나. 결국 나만 손해구나.' 하는 생각에 '퇴원하면 앞으로는 균형 잡힌 생활을 해야지. 저녁에는 퇴근해서 운동도 가고 애들과도 많이 놀아줘야지.' 라고 결심도 했다. 하지만 일터로 돌아가면 언제 그랬냐는 듯

예전처럼 일할 수밖에 없었다. 그리고 시간이 좀 지나면 또 쓰러져서 입원하기를 반복했다. 가정생활에는 아직 별 문제가 없었지만, 건강에 문제가 생기기 시작했다.

회사에서 성공한 사람들은 슈퍼맨?

많은 자기계발서와 성공스토리들은 우리가 잠을 줄이고, 이를 악물고 열정적으로 일해서 그들의 성공을 재연하기를 원한다. 한 번 목숨 걸고 일해서 그 분야에 전문가가 되어 보라고 한다. 젊을 때 고생은 사서도 한다면서 무리를 시키기도 한다. 임원들은 자기가 일할 때는 자정 전에 집에 들어가 본 적이 없고 아내와 자식들의 얼굴은 잘 보지도 못했다는 이야기를 성공의 비결인양 자랑스럽게 한다. 직장에서의 성공과 출세를 위해서 자신과 가족을 위한 시간을 조금 접고, 지금의 행복은 조금 미루라는 식으로 격려를 하기도 한다.

어렵게 준비해서 입사한 회사에서 15개월 만에 그만두는 신입직원이 25%나 된다고 한다. 2014년의 청년 실업률은 99년 외환위기 이후로 가장 높아 거의 10%에 육박한다. 이런 상황임에도 불구하고 굳이 들어간 회사에서 퇴사하는 이유의 절반 가까이가 '근로 조건 불만족'이었다. 회사생활이 행복하지 않았다는 이야기이다. 그만큼 생활의 밸런스가 맞지 않는 것에 대해서 갈등이 높다는 소리다.

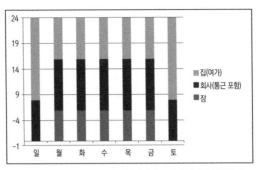

그림 3. 회사에서 보내는 시간의 절대량이 많고 수면 시간이 부족하다.

주말을 제외하면 주중에 가장 많은 시간을 보내는 공간은 회사이다. 그러므로 회사에서 생활이 만족스럽지 않다면 나의 생활이 행복하기 어렵다. 내가 행복하지 않으면서 나의 가정이 행복하기는 더 어렵다. 이것이 무너진 삶과 일의 균형을 바로잡기 위해서 내가 퇴사라는 극단적인 선택을 한 이유이다. 현재 상황이 만족스럽지 못하다고 하여 모두가 나처럼 퇴사를 할 필요는 없다. 오히려 이런 극단적인 상황이 오기 전에 미리 균형을 잡으려는 노력이 더 중요하다. 예방이 최우선이지만, 이미 밸런스가 무너졌다면 최대한 빨리 바로잡기를 시작해야 한다.

03. 직장과 가정,
두 마리 토끼를 다 잡아라

두 마리 토끼를 다 잡아라

'두 마리 토끼를 쫓다 둘 다 놓친다'는 말이 있다. 성공하려면 한 번에 한 가지만 집중해서 쟁취하라는 말이다. 하지만 요즘 우리 세대에서는 한 마리 토끼만 쫓다가는 결국 인생에서는 실패한다. 직장과 가정이라는 두 마리 토끼를 이야기하는 것이다. '젊을 때 고생은 사서도 한다', '지금이야말로 독해질 시기다' 등 젊은 우리를 채찍질하는 말은 참 많다. 하지만 지금이야말로 살짝 풀어주면서 균형을 잡을 때이다.

지금 독하게 직장이라는 토끼에 올인하면, 당분간은 남들보다 조금 더 빨리 성공할 수 있을 것이다. 하지만 그동안 소홀히 한 가정이라는 토끼는 다시는 잡기 힘들어질 수 있다. 보통 이 두 마리의 토끼는 서로 반대 방향으로 튀어나가려고 하기 때문이다.

앞서 두 마리 토끼로 비유한 직장과 가정은 우리 생활을 크게 양분하고 있다. 다른 식으로 표현하자면, 쭉 뻗은 내 인생을 힘차게 달리는 수레의 양쪽 바퀴와 같다. 두 바퀴의 크기나 방향이 균형 잡혀 있다면, 방향만 제대로 잡으면 똑바로 굴러갈 수 있다. 수레가 굴러가는 방향과 속도는 사람마다 달라도 균형 잡힌 바퀴의 수레는 똑바로 나아갈 수 있다. 하지만 두 바퀴의 크기가 다르다면, 두 바퀴가 뒤틀려 있다면 원하는 방향으로 나아가기 힘들다. 처음에야 목표가 굉장히 멀리 떨어져 있기 때문에 그 방향으로 가는 것처럼 보일 수 있다. 지금 방향이

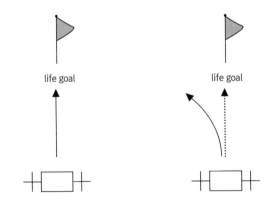

그림 4. 생활의 바퀴 밸런스가 안 맞으면 내 삶은 엉뚱한 방향으로 갈 수밖에 없다.

틀어져 있는지 알아차리기 힘들 수 있다. 하지만 바퀴의 크기가 다르기 때문에 결국은 내가 목표로 한 방향과는 점점 멀어지게 될 것이다.

우리는 직장이나 주변에서 수레의 두 바퀴가 불균형해짐으로써 생긴 문제를 볼 수 있다. 어쩌면 그간 우리 부모님들에게서 그런 모습을 찾을 수도 있겠다. 회사에서의 성과와 승진을 위해서 야근하고, 회식과 접대로 인한 과로에 시달렸던 사람들이 많았다. 이들이 회사와 경제의 발전을 이끌었기 때문에 이런 분투는 당연한 것이었다. 심지어 이런 생활 방식을 장려하기도 했다.

밸런스가 중요하다

사회 분위기가 많이 바뀌었다고는 하지만, 지금도 당사자들 입장에서는 여전히 현재 진행형이며 피하기 어려운 고질적인 병폐가 많다. 건강을 해쳐가면서 일하다가 쓰러지기도 한다. 피로를 풀기 위해서 사우나에 들어가서 쓰러지기도 한다. 하지만 그래 봤자 산재로 인정받는 경우는 24% 정도에 불과하다. 이렇게 죽어라(실제로 사망하기도 하지만) 일하다가 퇴근하면 집에서는 '가정에 소홀하다'는 비난을 받기도 한다. 갈등이 시작된다. 이런 갈등이 심해지면 가정 파탄으로 이어지기도 한다.

1. 직장에서의 스트레스가 가정 파탄으로까지

통계청 자료에 의하면 자녀가 있는 가정의 이혼율은 점차 줄어들거나 안정화되고 있는 반면, 자녀가 없는 가정의 이혼율을 계속 증가하는 추세이다. 직장에서 스트레스가 가정으로까지 전이되어 난임, 불임으로 이어지기도 한다. 스트레스와 임신은 뗄 수가 없는 깊은 관계이다. 꽤 많은 여성들이 직장에서의 스트레스로 인해 회사를 그만두거나 사직을 심각하게 고민한다.

내가 영업할 때 알고 지내던 대학종합병원의 간호사들은 3교대 근무의 스트레스로 계속 유산이 되어 안정된 직장이라고 여겨지는 대학종합병원을 그만두기도 했다. 좀 극단적으로 가정하면, 회사에 올인한 스트레스로 인해서 아이를 갖기 힘들 수도 있고, 가정에 불화가 생기거나 파탄이 날 수도 있다는 이야기이다.

2. 가정에 너무 충실하다가 회사에서 찍힐 수도

반대로 직장 쪽 수레바퀴의 사이즈가 작은 경우도 문제가 생길 수 있다. 회사 일에는 소홀하고 자기 가정사만 챙기는 사람으로 찍힐 수 있다. 가장 많이 들을 수 있는 소리는 "맨날 집에 꼬박꼬박 가더니 내가 저렇게 될 줄 알았어."일 것이다. 회사에서 작은 문제가 생겼을 때 '집안 일로 소홀했다'는 오해를 받기 시작하면 심각한 상황일 수도 있다. 이런 평판이 돌게 되면 인사고과에 안 좋은 영향을 미쳐 승진은커녕 계속 다니기 힘들어질 수도 있다.

두 경우 모두 어느 한쪽에 극단적으로 쏠린 경우라고 볼 수도 있지만, 우리가 회사와 가정에서 부딪칠 수 있는 상황들이다. 지금 직장에서 상사들의 모습을 잘 한 번 살펴보자. 일을 하면서도 아이와 잘 놀아주지 못한 죄책감에 얼굴이 어두운 사람은 없는지, 너무 일만 하다가 혼기를 놓쳐서 아직 싱글인 사람은 없는지, 또 가정을 제대로 돌보지 못해서 이혼했거나 회사 스트레스로 아이를 갖는 데 어려움이 있는 사람은 없는지… 이들이 바로 한 마리 토끼만 잡으려고 애썼던 사람들이다.

멈춰야 보이는 것들, 멈춰야 고칠 수 있는 것들

수레가 아직 전속력으로 달리고 있는 30대는 바퀴가 균형이 맞는지, 그래서 맞는 방향으로 잘 굴러가고 있는지 알기 어렵다. 이를 알기 위해서는 달리는 속도를 많이 늦춰야 할 수도 있고, 잠시 멈춰서 자세히 살펴봐야 할 수도 있다. 잘 다니던 직장을 그만두고 고민해 봐야 할 수도 있다는 말이다. 이처럼 미리 조절하지 않으면, 가정에 큰 불화가 생기고 난 다음 후회를 할 수도 있다.

나는 내 수레바퀴의 크기가 안 맞다는 것을 잘 알고 있었다. 하지만 멈춰서기 전까지는 고칠 수가 없었다. 그동안 나는 야근을 밥 먹듯 하고, 주말에도 회사 노트북을 가지고 커피숍에 가서 일했다. 1년에 한두 번은 입원했고, 점심시간에 수시로 회사 지하에 있는 병원에서 링거 주사를 맞으면서 쪽잠으로 버텼다.

　하지만 지금은 확실하게 알고 고칠 수 있게 되었다. 7년 동안 다니던 회사를 그만두고 나왔기 때문이다. 이제야 수레에서 잠시 내려서 바퀴의 크기와 상태를 살펴볼 수 있게 되었다. 지금은 열심히 바퀴 크기를 다잡고, 그간 빗겨온 내 수레의 방향을 바로잡고 있다.

　자신의 수레바퀴를 점검해 보기 위해서 모두 나처럼 회사를 그만두고 살펴볼 필요는 없다. 가볍게 읽으면서 각자의 가정생활과 회사생

그림 5 야근이 생활이던 때에 지하철 역에서 찍은 사진. 지하철도 오지 않는다.

활을 한 번 생각해 보자. 나는 이 책에서 회사를 그만두기 전까지 고민하면서 공부했던 것들, 회사를 그만두고 난 후 수레를 고치는 과정과 공부한 내용을 공유하려고 한다. 필요한 부분을 잘 이해하고 적용해 본다면, 바쁘게 잘 굴러가고 있는 수레를 굳이 멈출 필요는 없다. 타고 가면서 목적지의 방향을 다시 확인하고, 바퀴의 크기가 다르다면 조절해 갈 수도 있다.

04. 퇴사하면 좋은 점

앞에서 나는 직장과 가정의 밸런스가 무너져서 아예 회사를 그만두고 쉬고 있다고 이야기했다. 많은 사람들이 이런 나의 결정에 대해서 나보다 더 걱정을 많이 한다. 이 장에서는 독자들의 결정을 도와주기 위해서 내가 회사를 그만둔 30대 가장이자 백수로서 좋은 점과 안 좋은 점에 대해서 이야기해 보려고 한다.

아래 내용들은 내가 20대 공채 구직자이거나 40대 관리자급 실직자가 아니라 30대이기 때문에 가능한 이야기일 수도 있다. 다 살펴본 다음에 어느 정도 동의할 수 있는지 알려 달라. 사실 걱정거리가 굉장히 많을 것 같지만 크게는 아래 두 가지가 전부다.

	걱정거리	실제 상황	얻는 것과 좋은 점
1	맞벌이였다가 한 명이 실직 하면 가계 살림이 흔들린다.	배우자가 맞벌이를 하고 있 었으니 그나마 덜 흔들린다. 실업급여도 있다.	바로 이 순간의 아이들과 함 께 할 수 있다.
2	경력이 단절된다.	잠깐 쉬는 것이지 경력이 단 절되는 것은 아니다.	삶의 방향을 재정비해 볼 기 회가 주어진다.

표 1. 그만둘 때 걱정한 것과 현실, 그리고 내가 얻은 것들.

걱정거리

1. 맞벌이였다가 한 명이 실직하면 가계 살림이 흔들린다

통계에 따르면 우리나라에서 맞벌이 가정은 전체 가구의 45%에 달한다고 한다. 전체 가구의 통계이니 30대에는 비율이 더 높을 것이다. 주변 사람들이 대부분 맞벌이를 하고 있고 가계 소비도 맞벌이 수입에 맞춰져 있으니, 당장 한 명이 그만둔다고 하면 가계 경제가 흔들린다.

2. 경력이 단절된다

한창 일하는 시기인 5~10년차에서 직장생활을 중단해 버린다면 잠깐 쉬려다가 계속 쉬어버릴 위험이 있다. 청년 실업이 극심하다고 하는데, 지금 나가면 어디에서 다시 직장을 구할 수 있을지 걱정이다. 또 친한 사람이 없는 새로운 환경에서 다시 일을 시작하기 겁이 난다.

실제 상황

1. 배우자가 맞벌이를 하고 있었으니 덜 흔들린다

당장의 수입이 1/2 로 줄어들기는 하지만, 퇴직금과 실업급여를 잘 활용한다면 충격을 최소화할 수 있다. 퇴직 첫 달은 그간 사용한 카드 비용 등이 반영되기 때문에 생활비가 그대로 나갈 것이다. 하지만 한 달을 지내면서 소비를 줄이고 예산을 잘 짜서 생활하면 충분히 그간 저축해 둔 돈으로 지낼 수 있다. 퇴사를 결심했다면 한두 달 전부터 소비를 줄이는 것도 좋은 방법이다.

2. 잠깐 쉬는 것이지 경력이 단절되는 것은 아니다

30대는 어느 조직에서건 가장 일을 열심히, 또 많이 하는 연령대이다. 업종마다 다르겠지만, 기업 입장에서는 신입 직원을 뽑아 3~4년 가르쳐서 생산성을 끌어올리는 것보다 잘 단련된 경력직을 데려다 쓰는 것이 더 수월할 수도 있다. 공채가 줄어들어 청년 실업, 대졸 실직률이 올라가는 것이지, 기업들은 비용 대비 효율이 높은 경력자를 찾기 위해서 혈안이 되어 있다.

실제로 약 5년 미만의 경력직을 채용하려는 기업들의 비율이 55% 가까이 된다. 현 직장에서 어느 정도 커리어를 관리했고 성과가 있다면 고개를 들고 주변을 살펴보자. 경력을 다시 이어갈 수 있다. 그리고 쉬는 시간을 어떻게 활용하느냐에 따라서 한 번 더 점프할 기회가 될 수도 있다.

얻는 것과 좋은 점

1. 바로 이 순간의 아이들과 함께할 수 있다

기회비용을 생각해 보자. 살면서 하는 선택에는 늘 기회비용이 따라온다. 직장을 그만둘 때 포기해야 하는 것은 월급이다. 각종 수당도 사라진다. 하지만 수백만 원의 월급보다 더 가치 있는 것은 아이들과 함께 보내는 몇 달이다. 조금만 더 자라면 이 아이들이 아빠 회사 가지 마라며 출근길에 바지를 붙잡고 매달릴까?

아이가 태어났을 때 회사 선배들이 가장 많이 했던 말이 "아이들이 너무 빨리 자라버리니까 순간순간을 잘 간직해라."였다. 이 말 그대로 큰딸아이가 태어나서 4년은 정말 휘리릭 지나가버렸다. 그 순간을 간직하기도 전에 지나가버렸다. 사표를 제출하기 전날, 아이들과 하고 싶은 것들의 리스트를 만들었다. 평일에 동물원 가기, 대공원 가기, 물놀이장 가기, 블록놀이 하기, 책 읽어주기 등.

퇴사한 직후부터 나는 그때 만든 항목들을 처리해 나가고 있다. 이 시간은 나중에라도 절대 후회하지 않을 시간이 될 것이다.

2. 삶의 방향을 재정비해 볼 기회가 주어진다

삶의 방향이라고 해서 면접에서 이야기하는 비전 같은 것이 아니다. 직장생활과 가정생활을 몇 년 하고 난 후 돌아보면, 자기 소개서에 썼던 나의 인생, 결혼하고 아내와 함께 이야기했던 생활과 벌써 많이 다른 길을 가고 있는 경우가 많다. 정신없이 회사생활에 휩쓸리다보니 내 삶의 비전도 잊어버리고, 지금은 내가 잊어버린 게 뭔지도 모른 채로 시간이 지나고 있는 것이다.

담배 필 때, 커피 마실 때, 술자리에서 들었던 선배들의 푸념을 생각해 보자. 그들이 결혼할 때, 아이가 태어났을 때 했던 조언들을 떠올려 보자. 그리고 선배들의 모습과 지금 내 모습을 비교해 보자. 앞으로 내 인생이 어떻게 될 것인지는 선배들이 앞서 살아간 모습을 가만히 지켜보면 알 수 있다. 나도 저들과 같은 길을 걸어가게 될 것이 거의 확실했다. 후회할 것이 뻔한 길이라면 가는 길을 멈춰야 한다. 건강을 회복하는 것은 덤이다.

퇴사를 하고 돌아보는 지금까지의 생활에 대한 반성은 뒤틀려 있던 삶의 방향을 바로잡아줄 것이다. 우리는 30대이기 때문에 지금 회사를 쉴 수 있고, 다시 취업도 할 수 있다. 우리 아이들이 아직 어리기 때문에 엄마아빠를 찾고 같이 놀 시간이 있다. 30대이기 때문에 조금 몸이 상했다고 해도 다시 빠르게 회복할 수 있다.

한 걸음 늦추고 잠깐 뒤를 돌아보자. 지금까지 온 길을 앞으로 죽 그으면 어디로 가게 되는지 고개를 들고 멀리 바라보자. 그 길을 따라 가면 행복할까?

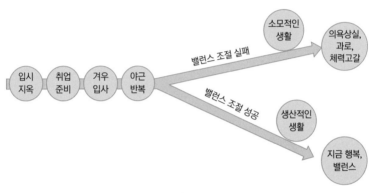

그림 6. 지금까지의 삶과 앞으로 갈 길. 지금은 선택할 시간이다.

05. 80%를 차지하는 20%

주범을 잡아라

직장이건 가정에서건 스트레스의 주범이 있기 마련이다. 스트레스를 효율적으로 다스리기 위해서는 이 주범을 잡아야 한다. 보통 이 주범은 파레토의 법칙에 따라 우리 스트레스의 80%를 차지하는 20%의 무엇일 것이다.

파레토의 법칙은 '전체 결과의 80%가 전체 원인의 20%에서 일어나는 현상'을 말한다. 예를 들어 기업의 매출은 보통 잘 팔리는 상위 20%가 전체 매출의 80%를 차지하기 때문에 효율을 극대화하기 위해서 상위 20%에 집중하는 영업 전략을 펼친다. 우리의 업무나 생활을 살펴봐도, 우리가 하는 일 중 20%의 일이 80%의 결과를 만들어내는 경우가 많다. 일상생활에서는 휴대폰으로 통화목록의 상위 20%와의 통화시간이 총 통화시간의 80%를 차지한다거나, 옷장의 옷 20% 정도가 즐겨 입는 옷의 80%를 차지하는 것 등이다. 업무에서는, 성과의 80%는 근무시간 중 집중력을 발휘한 20%의 시간에 이뤄지는 것을 생각할 수 있다.

마찬가지로 삶의 스트레스, 나를 힘들게 하는 것들 또한 같은 결론을 얻을 수 있다. 예를 들어 20%의 운전자가 전체 교통위반의 80% 정도를 차지한다든가, 20%의 범죄자가 80%의 범죄를 저지른다든가, 수신되는 이메일 중 20%만 필요하고 나머지 80%는 스팸메일이라는 식의 수많은 예를 들 수 있다.

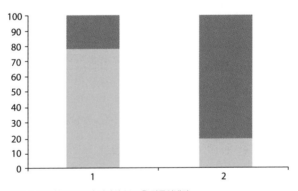

그림 7. 핵심원인 20%가 결과의 80%을 만들어낸다.

이와 같이 우리의 스트레스도 전체 80%을 차지하는 20%의 무엇이 있을 것이다. 회사의 스트레스를 만들어내는 주범은 업무량일 수도 있고, 동료들일 수도 있다. 그중에서 주범을 찾아내야 한다. 가정에서의 스트레스의 원인은 배우자일수도 있고, 아이들일 수도 있다. 전세금일 수도 있다. 수많은 원인 중에 주범을 찾아내야 한다.

만약 나의 전체 스트레스의 주된 원인이 직장생활 혹은 그 연관된 활동에서 나오는 것이라면 이것을 개선해야 할 것이다. 원인을 제거하면 결과는 사라진다. 그러므로 효율성을 높이기 위해서 우리는 스트레스의 핵심 원인인 20%의 주범을 찾아야 하는 것이다.

스트레스의 원인을 찾아내보자. 스트레스라는 말 자체가 어떤 자극에 대한 우리의 정신과 몸의 반응, 생체의 평형을 깨뜨릴 수 있는 모든 외부의 자극을 의미하기 때문에 무작정 원인을 찾고자 하면 너무 광범위하다. 스트레스는 사실 우리를 둘러싼 환경에서 오는 것이기 때문에, 환경의 특정 요소를 제거하거나 그 환경에서 벗어나지 않는 이상 스트레스를 받지 않는 것은 불가능하다. 그래서 스트레스를 제거한다고 하지 않고 스트레스를 '푼다' 또한 '해소한다'고 하는 것이다. 살아가는 것 자체가 스트레스이기 때문이다.

스트레스의 범위와 원인은 너무나 광범위한 탓에 다 소개할 수 없

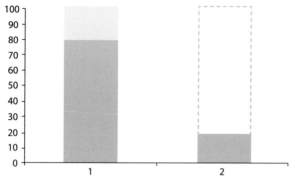

1. 기존 스트레스 원인의 비중
2. 핵심 원인 20%가 제거된 후 스트레스 레벨

그림 8. 스트레스의 핵심 원인 20%가 제거되면 결과 80%가 사라진다. 핵심 원인을 꼭 찾아내야 한다!!!

지만, 다음의 몇 가지 기준에 따라 나에게 가장 큰 스트레스를 제공하는 원인이 어떤 종류의 것인지 정도는 찾아내보자.

1. 외부의 스트레스

• 직장에서의 스트레스 – 업무 자체의 양, 조직생활의 인간관계, 중요 결정에 대한 책임

• 가정에서의 스트레스 – 가족과의 관계 및 구성원들의 건강, 가사노동, 일상의 복잡한 일들

• 날씨, 환경에서의 스트레스 – 너무 덥거나 추운 날씨, 비위생적인 환경, 정리정돈 되지 않은 책상

44

2. 내부의 스트레스

• 감정 변화로 인한 스트레스 – 자기 비하, 수면부족, 무기력
• 내 신체 상태의 변화로 인한 스트레스 – 체중 증가 및 감소, 건강 상 태 악화, 체력적인 무기력

만약 위에 분류된 스트레스 중에 나의 스트레스의 80%를 차지하는 녀석을 찾을 수만 있다면 해결하기 쉬워진다. 원인을 알게 되면, 그 원인을 해결하기 위해서 에너지를 집중하면 되기 때문이다. 스트레스를 극복하기 위해서도 파레토의 법칙에 따라 선택과 집중을 해야만 한다. 선택과 집중을 통해서 20%의 원인을 해결하면 일상의 스트레스 80%가 해결 되는 것을 기대할 수 있다.

원인을 제거하면 결과도 사라진다

스트레스의 원인을 찾아냈다면, 과연 이 원인을 제거하면 스트레스에서 벗어날 수 있는지를 먼저 고민해 봐야 한다. 만약 스트레스의 80%가 직장생활에서 온다고 하면 직장을 떠나는 것이 옳은 결정이 될 수도 있다. 직장에서의 스트레스 원인이 무엇이든 우리가 그 원인을 바꾸거나 제거하기는 사실 어렵기 때문이다. 상사를 내 마음대로 바꿀 수도 없고, 내 업무를 변경할 수도 없다. 선택할 수 있는 것은, 직장

을 떠나거나 내가 그 직장에서 받은 스트레스를 관리할 수 있는 능력을 키우는 것이다.

하지만 스트레스의 원인이 가정이라면 보다 조심스러운 접근이 필요하다. 가정은 직장보다 더 변화를 일으키기가 어렵기 때문이다. 배우자나 아이들을 마음대로 바꿀 수 없는 것은 물론이고, 가정을 떠나

심리학자인 홈즈와 라헤가 43개로 분류한 생활 스트레스 순위

1. 배우자의 죽음	100점	24. 저당물의 압수	30점
2. 이혼	73점	25. 일의 책임상의 변화	29점
3. 별거	65점	26. 자녀의 출가	29점
4. 교도소 수감생활	63점	27. 시댁과 문제	29점
5. 가까운 가족의 죽음	63점	28. 우수한 개인적 성취	28점
6. 상해 및 질병	53점	29. 아내의 맞벌이 시작 또는 중지	26점
7. 결혼	50점	30. 입학 또는 졸업	26점
8. 해고	47점	31. 거주환경 변화	25점
9. 부부간 별거 후 재결합	45점	32. 개인적인 버릇 교정	24점
10. 정년퇴직	45점	33. 상사와 갈등	23점
11. 가족의 병	44점	34. 근무시간 및 근무조건의 변화	20점
12. 임신	40점	35. 거주지 변화	20점
13. 성적인 장애	39점	36. 학교의 변화	20점
14. 가족 수의 증가	39점	37. 오락활동의 변화	19점
15. 사업의 재적응	39점	38. 교회활동의 변화	19점
16. 재정 변화	38점	39. 사회활동의 변화	18점
17. 가까운 친구의 죽음	37점	40. 1천만 원 이하의 저당	17점
18. 전직 및 부서 이동	36점	41. 수면습관의 변화	16점
19. 배우자와 말다툼 횟수의 변화	35점	42. 동거인 수의 변화	15점
20. 1천만 원 이상의 저당	31점	43. 식습관의 변화	15점
21. 휴가	13점		
22. 성탄절	12점		
23. 가벼운 법률 위반	11점		

그림 9. 생활 스트레스 순위. 해고 같은 실직은 고작 47점이며, 이직도 36점에 불과하다. 오히려 가족관계 등의 스트레스가 훨씬 높다.

는 것도 어렵다. 가정을 떠나는 것은 또 다른 커다란 스트레스로 다가오고, 이 스트레스는 나뿐만 아니라 배우자와 아이들에게도 크게 작용한다. 생활스트레스 지수 순위에 따르면 1위인 배우자의 죽음(100점)에 이어 이혼은 2위(73점)에 랭크되었다. 총 43개의 항목 중 해고(8위, 47점), 퇴직(10위, 45점)보다 훨씬 높은 순위를 기록해서 가정을 깨는 것은 직장에서의 변화와는 차원이 다른 스트레스임을 보였다.

그러므로 가정이 스트레스의 원인이라고 판단이 되는 경우에는, 지금 상황에 대해서 배우자와 긴밀한 대화를 통해서 극복해야 한다. 필요한 경우라면 적극적으로 전문가의 도움을 받는 것도 추천한다.

06. 인생의 밸런스는 팽이 같은 동적 균형

팽이가 힘차게 계속 돌기 위해서는 원심력과 구심력이 팽팽하게 작용하면서 동적 균형을 잡아야 한다. 구심력이 없으면 넘어지고 원심력이 없다면 돌 수 없기 때문이다. 두 힘의 균형이 조금만 맞지 않아도 비틀대다가 픽 쓰러지고 만다.

우리의 생활은 가정이든, 직장이든, 사회생활이든, 자기중심적이든 한쪽에 과하게 치우치면 정상적으로 유지되기 어렵다. 우리가 일상생활 속에서 밸런스를 잡기 위해서는, 팽이가 쓰러지지 않고 계속 돌아가는 것과 같은 원리가 적용되어야 한다.

팽이는 회전할 때 수평을 맞출 수 있는 판이 있다. 이 판의 균형이 안 맞으면 팽이는 돌 수 없다. 마찬가지로 우리도 우리 생활의 판을 구성하는 가정생활, 직장생활, 친구관계 등이 모두 예쁘게 균형을 잡고 있어야 한다. 어느 한 쪽의 무게가 큰 경우에는, 앞서 강조했던 생활의 밸런스가 무너져 우리 팽이는 돌 수 없다. 보통 지금 우리들의 팽이는 직장이 차지하는 부분이 많이 크지 않을까 싶다. 내 인생 팽이의 몸통을 어떤 모양으로 만들고 있는지 생각해 보자.

팽이의 몸통 한가운데에는 팽이의 축이 자리하고 있다. 몸통이 예쁜 원 모양이라고 해도 축을 엉뚱한 데 꽂으면 팽이는 돌 수 없다. 팽

팽이	우리의 생활
1. 팽이 몸통 (회전판) 2. 팽이 축 (중심) 3. 팽이채 (외부 자극, 팽이가 돌게 해주는 힘) 4. 팽이가 돌 수 있는 지지대	1. 우리의 일상생활 (직장, 가정) 2. 우리 생활의 축 (가치관) 3. 자극, 동기유발 등 (외부 자극) 4. 신체와 정신의 건강

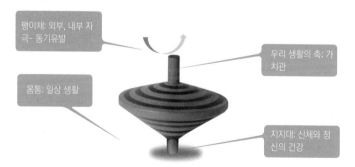

그림 10. 팽이가 도는 것과 우리 생활을 유지하는 것의 공통점.

이의 축은 개인의 가치관이다. 내 생활의 무게를 어느 쪽에 실을 것인지는 나의 결정이다. 회사생활에서 승승장구를 중요시할 수도 있고, 가정생활에 무게를 더 실을 수도 있다. 하지만 어떤 가치관이건 그 축이 단단하지 않고 흐물흐물하다면 우리의 팽이는 힘차게 돌아가기 어렵다. 내 인생의 확고한 가치관, 내 인생에서 양보할 수 없는 가장 소중한 것을 찾자.

물론 아무리 균형이 잘 잡힌 예쁜 팽이라도 힘 줘서 돌리지 않으면 안 된다. 몸통과 축이 예쁘고 튼튼하게 만들어져 있더라도 힘차게 돌 수 있는 외부 자극, 내적인 동기유발이 없다면 팽이는 돌지 않는다. 회사에서 더 나은 성과를 내기 위한 의욕, 일을 일찍 마치고 집에 있는 아이들을 조금 더 오래 보고 싶다는 바람 등, 우리 생활의 밸런스를 잡기 위해서는 다양한 자극들이 꼭 필요하다. 이런 자극들이야말로 우리 팽이가 돌아가는 힘이다.

또 하나, 팽이가 중심을 잡고 돌 수 있는 단단한 바닥도 필요하다. 팽이를 돌릴 때 단단한 바닥에 안정적으로 놓고 돌리지 않는다면 팽이는 제대로 돌 수 없을 것이다.

팽이가 돌 수 있는 단단한 바닥은 우리의 정신적, 신체적 건강이다. 내가 한창 야근과 주말 근무를 할 때 아버지께서 이런 말씀을 하셨다.

"네가 젊고 한창 팔팔한 30대라 아직은 잘 버티고 있을 것이다. 하지만 젊을 때 고생은 해도, 젊다고 무리하는 건 아니다."

우리 30대는 야근 좀 하고, 늦게까지 술 좀 마신다고 금세 표시가 나지는 않는다. 겉보기에는 크게 무리하는 것처럼 보이지 않은 경우가 많다. 하지만 실제 우리의 체력과 건강은 30대의 부적절한 관리로 40대가 되면 금방 소모되어버릴 가능성이 크다. 아버지 말씀대로 무리하지 않고 체력이 될 때 더 소중하게 관리해야 한다.

심혈을 기울여서 예쁜 팽이를 만들었는데, 열심히 채로 때려주지 않으면 금세 핑그르르 쓰러지고 만다. 팽이는 주기적으로 채찍질을 한다거나 해서 계속 힘을 가해야 멈춰 쓰러지지 않고 돈다. 즉, 가정생활이나 직장생활 안에서 균형을 잘 잡았다고 해도 가만히 있어서는 안된다는 말이다. 조금만 긴장을 늦추면 금세 스르르 주저앉을 수도 있기 때문이다. 그래서 조금 비틀댄다 싶으면 바로 채찍질을 해야 한다. 지금 내가 하고 있는 일이 나의 가치관과 비전, 나에게 소중한 것들을 지켜 나가기 위한 것인지 끊임없이 살펴야 한다. 스스로도 자극 받아야 하며, 배우자와 자녀들, 상사와 동료들과 소통하면서 자극을 받아야 한다.

만약 팽이를 정성껏 만들었는데도 균형을 잡지 못하고 쓰러진다면 그 팽이는 아무리 다시 돌려도 제대로 돌 수 없다. 몸통 모양이 잘못되어 있거나, 축이 잘못 꽂혀 있을 수 있기 때문이다. 이 경우에는 아예 몸통을 새로 만들거나 축을 뽑아서 새로운 중심을 다시 잡아야 할 것이다.

잠시 멈춰서 조금 떨어져 살펴볼 필요도 있다. 앞으로 팽이를 돌려야 할 시간은 못해도 40~50년이나 되기 때문이다. 또 잘 돌아가던 팽이가 한 번 잘못 치는 바람에 튕겨나가 그냥 바닥에서 뒹굴 수도 있다. 열심히 일하고 있는데 상사의 질책 한마디, 한 번의 승진 누락, 배우자의 상처가 되는 말 한마디가 잘못 친 채찍질일 것이다. 잠깐 튕겨나가 쓰러진 팽이라도 다시 다잡고 돌려야 한다. 우리가 살아 있는 동안 우리의 팽이는 계속 돌아야 하기 때문이다.

다행히 팽이가 신나게 빙글빙글 돌 때는, 원심력과 구심력이 팽팽하게 균형이 잡혀 있기 때문에 조금 흔들린다고 해도 그 균형이 쉽게 깨지지 않는다. 돌아가는 동안에 끊임없이 서로 작용하면서 동적 균형을 잡고 있기 때문이다. 반대로 팽이에 문제가 있어서 안 돌아가는 것이라면 아무리 균형을 잡고 돌리려 해도 팽이를 돌릴 수 없다.

우리 인생에서 밸런스를 잡는 것도 마찬가지이다. 한 번 균형을 잘 잡고 축을 잘 꽂아 넣으면 살아가면서 적절한 자극과 채찍질로 우리의 팽이는 잘 돌아갈 것이다. 하지만 균형 자체가 안 잡혀 있는 상태라면 아무리 후려쳐도 돌릴 수 없다. 내 생활이 균형이 잡혀 있는지 어딘가 언밸런스한 상태인지는 본인이 가장 잘 알 것이다.

잘 모르겠다면 배우자나 자녀의 얼굴을 쳐다보자. 제 시간에 퇴근하는 것을 더 이상 기대하지 않는 눈빛을 만날 수도 있다. 상대방의 생활이 더 이상 궁금하지 않을 수도 있고, 아빠와 함께 노는 것을 더 이상 기대하지 않는 아이의 눈빛일 수도 있다.

지금 제대로 하고 있지 못하다면 억지로 돌아가던 팽이를 잠깐 멈추고 다시 한 번 차근차근 균형을 잡아보자. 지금 제대로 균형을 잡아야만 40~50년을 즐겁게 잘 돌릴 수 있다.

07. '내 집'에서 '우리 가정'으로

　우리 부모님들이 생각했던 '내 집 마련'에서의 '내 집'과 요즘 우리
가 생각하는 '우리 집'은 그 의미가 많이 달라졌다. 이 장에서는 부
모님 세대(house-based)와 우리 세대(home_based)가 갖고 있는 서로
다른 '집'의 의미와 연결시켜, 우리에게 일과 가정이 어떤 의미를 지
니는지 살펴보려 한다.

　집 혹은 가정은 우리 세대에게는 부모님 세대와는 조금 다른 의미
를 갖는다. 우리는 가정에 기반(home based)을 둔 세대이다. 생활과 여
가의 질을 올리는 재충전의 그 공간이 가정(home)이다. 좋은 집을 꾸

미고 사는 것보다는 좋은 가정을 꾸리는 것을 더 중요하게 생각한다.

아마 부모님들은 자산으로서의 집에 대한 가치와 중요성을 강조했다. 그렇기 때문에 '내 집 마련'이 일하는 동기이자 목표였다. 50대 이상 부모님 세대에게 '집'이란 단순한 주거의 의미를 넘어선다. 주인 눈치 안 보고 전세 값에 전전긍긍하지 않아도 되는 내 집을 마련했다는 건, 평생 열심히 살아왔다는 삶의 증거 같은 것이다. 그렇기 때문에 부모님들은 '내 집'을 마련하고자 돈을 벌었다.

하지만 젊은 세대는 그 돈을 왜 쓰지도 못하고 집에 깔고 살아야 하는지 잘 이해하지 못한다. 우리는 더 이상 '집'에 크게 집착하지 않는다. 30대들은 자가에 살면 좋지만, 전세든 월세든 일단 집이란 일하기 위해서 쉴 공간, 가족들하고 함께 있을 수 있는 공간 정도면 그 목적에 부합하는 것으로 본다.

우리는 '행복', '가족'에 큰 무게를 둔다. 그렇기 때문에 '내 집 마련'을 목표로 앞만 보며 달려온 부모님 세대의 행동 방식과는 거리감이 느껴진다. 돈을 모아서 내 집을 마련할 것이 아니고 번 돈으로 배우자, 아이들과 행복한 생활을 하고 싶은 것이 인생의 큰 목표로 자리 잡고 있다. 이렇게 다른 가치관을 가진 우리 세대에게는 돈을 벌기 위해서 지금 내가 가족과 함께 보낼 시간을 희생하고, 건강을 해치고, 스트레스를 받는 것은 항상 갈등을 일으킨다.

우리들의 가치관에는 몇 가지 큰 사건들이 영향을 줄 수밖에 없었다. 부모님들이 악착같이 저축하면서 집 장만하고 기뻐하는 것을 보면서 '저축을 해서 저렇게 집을 마련하는 거구나' 하고 생각했었다. 하지만 IMF를 겪으면서 충성을 다해서 일하던 회사에서 한 번에 정리되는 부모님을 보면서 '평생직장은 없다'는 것을 알게 되었다. 그리고 집이건 주식이건 갖고 있던 자산의 가치가 절반 이상 너무나 쉽게 사라지는 것을 봤다. 이런 일련의 일들을 겪으면서 형성된 가치관으로는 '집'이라는 자산에 큰 가치를 두기 어렵다. 대신 힘든 시기에 버팀목이 되었던 '가정'이라는 가치에 더 큰 무게를 두기 시작한 것이다.

부모 세대에게 부동산은 재산이기도 했지만, 생활의 목표이기도 하고 생활의 터전이기도 했다. 부모님들이 '집'을 마련하기 위해서 해외 파견도 나가고, 밤에 술도 마시고, 억척 같이 야근을 했다. 집 없는 서러움도 말씀하셨다. 이분들은 집 때문에 당신의 몸과 가정을 돌보지 못했다고들 말씀하신다. 너희가 자라는 모습을 많이 놓쳤다고 아쉬워하신다.

하지만 우리 세대는 굳이 집(house)을 소유하려 하지 않는다. 우리는 소유하고 깔고 앉아 있는 수억 원보다 그 돈을 손에 쥐고 일상생활과 여가시간의 질을 끌어올리는 가치를 더 중요시한다. 악착같이 일해서 집을 장만한 뒤 정작 집에서는 잠만 겨우 자고 나오는 생활은 말이 안 된다. 부촌의 고급 아파트 단지에는 아이들을 돌보는 보모와 어린 아이들밖에 없다고 한다. 부모들은 돈을 벌기 위해서 아이들의 얼굴도 못 보고 산다. 아이러니이다.

그렇게 사는 것보다 우리는 상대적으로 저렴한 전세, 월세에 살면서 즐기려 한다. 여행도 다니고, 차도 바꾸고, 리스크를 안고 투자도 한다. 여윳돈으로는 차라리 상가, 오피스 등의 수익형 부동산에 투자하여 또다시 현금을 만들어내려고 한다. 이런 현금은 좋은 가정생활을 해나갈 수 있고, 가족과 소중한 추억을 만들어낼 수 있는 가치를 갖고 있다. 아이들이 자라는 모습을 최대한 함께 보고 같이 경험하려고 애를 쓴다. 그래서 돈을 쓴다.

우리에게 소중한 것은 가정이기 때문에, 가정을 잘 가꾸면서 살기 위한 직장과 가정의 밸런스가 더욱 중요해진다. 밸런스를 잘 못 잡으면 주객이 전도되는 상황이 나타난다. 직장과 가정의 밸런스가 무너지는 상황이 바로 그것이다.

우리는 물질적인 무엇인가를 달성하기 위해서 일을 하고 돈을 버는 사람들이 아니다. 그보다는 내 인생, 내 가정에 가치를 더하고 싶어서 그 수단으로 돈을 번다. 월급으로 자기계발 강의를 듣거나, 휴가 때 여행을 가거나, 힘든 업무를 마치고 스스로에게 상을 주기도 한다.

이런 우리들이 직장과 가정의 밸런스가 무너질 정도로 일하고 있다는 것은 너무도 괴로운 일이다. 우리가 일을 하고 돈을 버는 목적을 잊어서는 안 된다. 우리 삶의 행복을 이뤄가기 위한 수단으로써의 일이 행복하지 않고 우리의 삶을 소모적으로 만들고 있다면 '언밸런스'라는 말이다. 우리 삶의 목표를 명확하게 하고, 목표와 수단을 확실하게 구분하자. 주객이 전도되어서는 안 될 일이다.

Part 2

‘지금행복’,
‘나의 행복’ = ‘착한 이기주의’

01. 나는 '아빠'를 할 수 있을까?

    2015년 초반에 큰 사회적 반향을 불러온 작품이 두 개 있다. 〈국제시장〉과 〈미생〉이 그것이다. 영화 〈국제시장〉은 총 관람객 수가 1천 400만을 넘었고, 드라마 〈미생〉은 케이블채널임에도 10%가 넘는 시청률을 기록했다. 가히 사회적 신드롬이었다. 하지만 세대별로 각각의 현상에 대한 반응은 상반되었다.

    윤제규 감독은 한 인터뷰를 통해 "영화를 본 젊은 세대와의 대화에서 큰 충격을 받았다."고 말했다. 한 젊은이는 아예 영화의 내용, 즉 부모 세대가 겪은 '실화'를 몰랐다는 것이다. 그 젊은이는 윤감독에게 "진짜 시나리오를 잘 쓰신 것 같다, 상상력이 정말 대단하시다, 꼭 실화 같다."고 진지하게 평을 했다고 한다.

하지만 같은 영화를 본 어르신은 "옛날처럼 고생도 하고. 경제활동에 참여도 좀 하고. 젊은 사람들이 이 영화를 보고, 감동받고 노력해서 잘살아보자 다짐하고, 열심히 살아서 가정을 살리고 국가를 살리고 그래야지."라고 상반되는 인터뷰를 했다.

젊은이들은 영화가 잘 만들어진 허구의 시나리오라고 생각하는데, 어른들은 젊은이들도 영화를 보고 감동을 받아서 기꺼이 고생을 하고 그래서 국가를 살려야 한다고 말한다. 서로 참 큰 간극이 있다.

도리어 젊은이들의 공감은 드라마 〈미생〉에 집중되었다. 30대 직장인과 20대 취업준비생들이 그들의 이야기라고 공감할 수밖에 없는 내용들이었기 때문이다. 오늘 회사에서 있었던 일들이 TV 드라마로 방송되니 끌릴 수밖에 없었던 것이다. 그들은 드라마 주인공처럼 불안정한 현실에서 최선을 다해서 일을 해보지만, 시련이 계속될 뿐이다. 정규직이든 비정규직이든 회사생활을 하는 우리들은 당장 내 앞가림을 하는 데 급급하다.

이런 생활을 하는 사람들에게 야근을 불사하고, 회사를 위해서 가정도 좀 희생하고, 이를 악물고 앞을 보고 달려보자라고 하는 말은 꼰대의 잔소리나 프라이버시 침해로밖에 들리지 않는다.

회사에서 이런 '미생'의 스트레스를 버티다가 주말에는 집에서 '슈퍼맨'이 되어야 한다. 연예인 아빠들이 그야말로 슈퍼맨처럼 육아에 헌신하는 예능프로그램인 〈슈퍼맨이 돌아왔다〉가 우리를 가만히 내버려두지 않는다. 평일에 야근, 회식으로 지친 아빠들은 주말에도 쉬지 못하고 가족을 챙겨서 교외로, 키즈카페로, 아니면 집 근처에서라도 함께 놀아주기, 추억 만들기를 해야 한다.

슈퍼맨이 되어야만 하는 아빠들은 사실 보통 아빠가 되기도 힘들다. 한동안 슈퍼맘이 대세더니 이제는 초점이 슈퍼대디가 된 것이다. 아이 하나도 제대로 키우기 힘든 상황인데, 세 쌍둥이를 데리고 산을 타고, 달리기도 한다. 가끔씩 비치는 연예인의 집은 축구장만큼 거대하고 비싼 아이들의 용품이 여기저기 널려 있다. 이런 프로그램들 탓인지 이제 사회가 아버지에게 기대하는 모습은 '돈 잘 벌어오는 아빠'를 훨씬 뛰어넘은, '자상하고 아이들과 교감하는 아빠'인 것 같다. 우리는 아직 '미생'인데 말이다.

짐작한 대로, 결국 현대사회와 가정이 요구하는 동시에 우리가 스스로 추구하는 바람직한 아버지 상은 '슈퍼맨'이다. 이 '슈퍼맨'이라는 상징과 아버지의 모습을 연구한 논문까지 있을 정도이다. 요즘 젊은 아버지들은 사회와 가정이 기대하는 아버지로서의 역할과 직장에서의 일 사이에서 갈등하고 있다. 이는 오늘날 아버지들은 사회적으로는 '성공적인 직장인', 가정적으로는 '자상한 남편', 그리고 자녀에게는 '친구 같은 아버지'라는, 그야말로 슈퍼맨의 모습을 갖출 것을 요구받고 있기 때문이다.

우리 세대의 젊은 남편들은 사회적으로나 가정에서나 자신의 능력을 인정받아, 유능한 직장인인 동시에 가정적인 아버지로서의 삶을 살기를 원하고 있다. 아버지들은 직장에서의 많은 업무량으로 인하여 야근하고, 주말에도 일한다. 갈수록 가족과 함께 보내는 시간이 절대적으로 부족하며, 늦은 귀가로 자녀와 시간을 함께 보낼 수 없는 갈등을 겪을 수밖에 없다.

스스로에게 기대하는 이상적이고 규범적인 아버지 상과 일상에서 경험하는 아버지 역할 간의 갭으로 인해 갈등이 발생한다. 우리가 밖에서는 '미생'일지라도 집에서의 역할의 눈높이는 이미 '슈퍼맨'이다. 이 '슈퍼맨'과 '미생'의 갭에 의한 갈등은 결국 우리를 스스로 소모시킨다.

이제 우리는 중심을 잡아야 한다. 지금 우리가 중심을 못 잡고 여기저기 휘둘리면 우리는 '국제시장'처럼 가족, 국가를 위해서 나를 희생하면서 일만 하고, '미생'처럼 여전히 불안한 회사생활을 하며, 집에서는 '슈퍼맨'처럼 되지도 못하고 쓰러져 버릴지 모른다.

〈국제시장〉의 '덕수'가, 〈미생〉의 '장그래'가 집에서 '슈퍼맨'처럼 아이와 놀아주면서 직장과 가정에 충실하는 방법은, 가장 중요한 가치를 찾아내서 그것을 중심으로 밸런스를 잡는 수밖에 없다. 이제 직장과 가정의 밸런스를 찾아가는 방법, 직장에서 균형을 잡고 일하는 방법, 가정에서 내 역할에 충실하는 방법을 알아보자.

02. 우리 인생에서
'지금 행복하기'가 어려운 이유

사실 밸런스를 잡기 어려운 상황에서 밸런스를 잡으려고 애쓰는 것 자체가 우리에게 커다란 스트레스이다. 이 장에서는 밸런스를 잡으려 무턱대고 노력하기보다 현재의 상황을 정확히 파악한 후 내가 컨트롤할 수 있는 부분을 확인하는 것이 효율적이라는 이야기를 하고자 한다. 그 다음, 어떻게 나의 업무와 내 생활에 정확한 구분 선을 그을 수 있는지도 알아보자.

우리 인생에서 밸런스를 잡기가 어려운 가장 큰 이유는 절대적인 업무량의 증가 때문이다. 그간 26~30시간 동안에 걸쳐서 해야 했던 일들

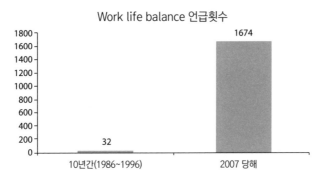

그림 11 최근 급증한 life balance에 대한 관심

을 24시간에 해내야 하는 상황이 계속되고 있기 때문이다. 이렇게 일의 input이 갑자기 폭증한 것은 비교적 최근의 일이다. 베스트셀러 『원씽』에 의하면, 과거 10년(1986년~ 1996년) 동안 상위 100대 미디어에 언급된 work life balance는 고작 32회에 불과했지만, 2007년에는 당해에만 1,674회 언급되었다고 한다. 그만큼 밸런스가 깨져서 관심이 높아진 것을 보여준다.

  회사에서건 가정에서건 갈수록 한 명이 해내야 할 역할은 많아지고 있다. 급한 일들도 많아지고, 같은 시간 내에 우리가 처리해야 하는 일들도 기하급수적으로 늘어나고 있다. 일정 관리와 할 일 관리 어플들은 앱스토어의 top 10 내에 늘 너댓 개씩은 들어가 있다. 하지만 Todo list의 해야 할 일을 다 완료한 상황은 거의 오지 않는다. 해도 해도 끝나지 않는 일을 해내기 위해서 심지어 어떤 상사들은, 휴가 갈 때도 노트북을 챙겨가고 휴대폰 데이터 로밍을 해서 메일을 확인하라고 한다. 휴가지에 가서 일을 하는 워케이션 (workation; work + vacation) 족이다.

만약 이렇게까지라도 해서 할 일을 다 하면 마음에 평정이 오고 일에 허덕일 때보다 좀 행복해질까? 업무에 허덕이는 동안에는 무위(無爲)를 꿈꾸지만, 해야 할 일을 다 끝내고 더 이상 신경 쓸 일이 없어졌다고 마냥 행복하지는 않다. 2013년 미국에서 발표된 「Americans Less Rushed But No Happier」라는 논문에 따르면, 가장 행복감을 크게 느끼는 사람들은 할 일을 다 해놓고 쉬는 시간이 많은 사람들이 아니었다.

그림 12 최근 유행이라는 Workation 족.

오히려 틈이 없을 정도로 할 일들은 많아도 일에 쫓기지 않는 사람들이라고 한다.

하지만 우리 현실은 어떠한가? 우리는 늘 일에 쫓긴다. 시간은 늘 없다. 그런 시간이 반복되면 우리는 주어진 상황을 스스로 통제할 수 없다는 무기력에 직면한다. 그리고 이런 무기력은 다양한 방면에서 동시에 우리를 공격한다.

간단한 예를 들여보자. 회사에서 할 일이 산더미처럼 쌓여 있다. 야근을 결심하고 할 일을 정리하려는데, 상사가 내일 아침 아홉 시 30분에 검토할 급한 일이 생겼다고 한다. 미팅을 할 테니 준비해 달라고 하고 가버린다. 그런데 오늘은 정시에 퇴근을 할 거라고 생각한 아내가 집에 우유랑 계란이 떨어졌고, 거실에 전등을 갈아야 하니까 잠깐 마트에 들러서 이것들을 사오라고 한다. '잠깐… 거실 전등이 몇 와트짜리였지?' 이러는 사이에 시간은 흘러가고 같이 야근하던 동료들도 하나씩 퇴근한다. 내가 야근 때 하려고 했던 일들은 아직 그대로인데 시간만 흘러 창밖이 벌써 깜깜해졌다.

내가 당장 통제할 수 없는 일들이 마구 발생하는 상황에는 짜증과 분노가 쓰나미처럼 밀려들 것이다. 왜 짜증이 날까? 내가 이 상황을 통제할 수 없기 때문이다. 할 일은 쓰나미처럼 밀려드는데 내가 그 안에서 원하는 방향으로 나갈 수 없기 때문에 좌절하게 되는 것이다. 만약 우리가 이 상황에서 상사의 지시에 "저는 이미 다른 할 일들을 야근하는 동안 처리하기로 해서, 지금 지시하시는 일을 할 수가 없습니다." 라고 할 수만 있다면, 혹은 아내에게 전화해서 "나는 오늘도 야근이니 마트에 장보러 갈 시간이 없고, 거실에 전등을 확인해서 똑같은 것을 구입해 놓으면 내가 밤 늦게라도 교체해 두겠다."고 말할 수만 있다면 상황을 어느 정도 통제할 수 있게 된다. 이 정도만 되어도 좀 나을 것이다.

물론 상사에게 지시한 일의 의미를 묻는다거나 나의 상황에 대해서 설명하기는 힘들다. 또 야근이라는 말에 가시 돋힌 아내에게 용감하게 전등을 스스로 갈아 끼우라고 말하기도 어렵다.

다음의 사분면은 이미 여러 채널에서 소개된 바 있다. 급한 일이 꼭 중요한 일은 아니라는 것을 명심하자. 우리가 매일 직면하는 갈등 상황들을 다음의 사분면에 대입해서 골라내는 습관을 기른다면, 일의 우선 순위대로 처리할 수 있다.

위의 상황에서 상사가 갑자기 던져준 일은 긴급하고 중요한 일이 될 것이다. 내가 원래 하려고 계획했던 일은 중요한 일이긴 하지만(야근까지 해서 처리하려 했으므로) 상사가 내일 오전까지 완료하라고 한 일보다는 긴급성에서 떨어진다. 그러면 이제 아내가 카톡으로 보

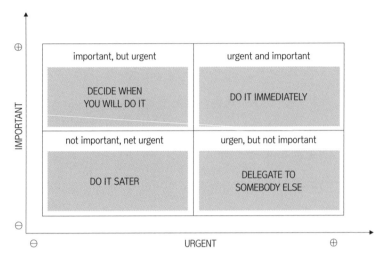

그림 13. The decision book: 50 models for strategic thinking

낸 일들이다. 이 일을 내가 꼭 해야 하는, 나밖에 할 수 없는 일이라고 생각하면 이 상황에서는 답이 안 나온다.

이 일 (계란과 우유를 사고 전등을 교체하는 일)을 꼭 나만 할 수 있는 일인가? 아니다. 아내가 퇴근길에 마트에서 장을 봐도 된다. 정확하게 어떤 전등을 사야 하는지 모른다면 다른 방에 꽂혀 있는 다른 전등을 잠시 거실로 옮겨 써도 될 것이다. 이때 모델을 확인하고 내일 퇴근길에 사도 될 것이다.

어떻게 하더라도 어렵고 힘들 테지만, 이 상황을 잘 극복하기 위해서는 스스로 아래 세 문장을 되뇌여 보자. 도움이 된다.

1) 모든 일이 다 급하거나 중요한 것은 아니다.

2) 모든 일을 다 내가 해야만 하는 것은 아니다.

3) 다른 일에 영향을 줄 수 있는 가장 중요한 일이 있다.

위 세 가지를 잘 명심해 두자. 스트레스 상황에서 이 세 가지만 적절히 떠올리고 활용할 수 있다면 스트레스를 조금은 줄일 수 있을 것이다.

03. 결혼, 임신, 직장생활과 이혼의 관계

『죽을 때 후회하는 것들 25가지』라는 책의 스물다섯 개 항목 중 무려 일곱 가지가 사랑과 자녀에 관한 것이다. 사랑하는 사람과의 가정생활, 자녀들을 기르면서 가지는 교감 등이 삶의 행복에 큰 영향을 주는 것에는 틀림이 없다.

이 장에서는 결혼생활의 파탄인 이혼의 최근 추세와 자녀가 주는 영향을 알아보자. 그리고 스트레스가 결혼생활에 궁극적으로 어떤 역할을 할 수 있는지도 알아보자.

보통은 사람들이 살아가면서 연령별로 이루어 나가는 것들이 있다. 20대에는 대학교 입학, 군입대, 취업 등이고, 30대에는 결혼과 출산, 40대에는 육아와 회사에서 승진 등이 있을 것이다. 물론 내 주변 사람들과 이야기를 나누었을 때 취합된 내용이라, 다른 누군가는 다른 연령별 event를 생각할 수도 있다. 우리 30대는 대부분 직장인이다. 지금 결혼을 준비하고 있거나 했을 수도 있고, 출산을 준비 중이거나 이미 육아 중일 수도 있다. 물론 당신이 미혼일 수도 있고, 아이가 아직 없거나 이혼을 했을 수도 있다. 어쨌건 열심히 일하면서 지금을 살고 있는 당신이 그리고 있는 미래의 모습에는 가정이 있을 것이다. 당신이 하고 있는 직장생활과 가정생활에서 자녀가 어떤 영향이 미치는지 다음 자료를 함께 보면서 생각해 보자.

　갈수록 이혼 건수가 늘고 있다는 사실은 미디어에 자주 노출되기 때문에, 굳이 최신 통계자료를 살피지 않더라도 더 이상 새로운 뉴스는 아니다. 또 결혼과 이혼에 대한 인식도 많이 바뀌어서 '이혼은 절대 안된다'는 대답(26.2%)도 갈수록 줄어들고 있다. 물론 처음부터 이혼을 염두에 두는 커플은 없겠지만, 더 이상 '해서는 안 될 것'이 아닌 이혼에 그나마 영향을 주는 항목이 바로 자녀의 유무이다.
　서울시에서 조사한 '혼인과 이혼 현황'에 따르면, 이혼에 자녀의 유무가 주는 영향은 점점 커지고 있는 추세이다. 이혼 당시 미성년 자녀

의 유무를 살펴보면, 미성년 자녀가 있는 부부의 이혼 구성비는 1993
년 66.6%에서 2013년 46.9%로 감소했다. 반면, 이혼 당시 미성년 자녀
가 없는 부부의 이혼 구성비는 1993년 33.4%에서 2013년 52.9%로 증
가했다. 즉, 2011년부터 자녀가 있을 때보다 자녀가 없을 때 이혼 비율
이 더 높아지고 있다고 할 수 있다. 흔히들 이야기하는 '힘들고 팍팍한
결혼생활을 애 하나 바라보면서 버틴다'는 말이 더 이상 과장 섞인 푸
념만은 아닌 상황이 된 것이다.

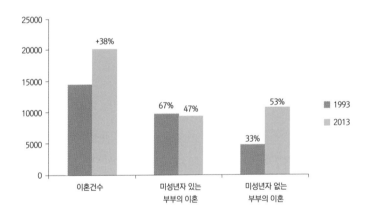

그림 14. 이혼에 자녀 유무가 주는 영향은 점점 커지고 있다.

검사 결과에서는 부모가 큰 문제 없이 정상이고 많은 노력을 하는
데도 불임·난임인 경우가 많다. 이런 경우 대부분 스트레스를 그 원

인으로 꼽는다. 직장 등에서의 스트레스가 남성의 정자 활성에 많은 영향을 준다는「Effects of work and life stress on semen quality」라는 논문에서도 이 점을 지적하고 있다.「스트레스가 임신에 주는 영향」등 국내의 논문들도 스트레스와 임신의 영향에 대하여 갈수록 주목하고 있는 상황이다.

우리가 직장생활을 하는 이유 중의 하나는 우리 삶을 행복하게 살기 위해서다. 그런데 직장생활에서의 스트레스 때문에 가정을 꾸리면서 느낄 행복이 크게 훼손된다는 것은 아이러니가 아닐 수 없다.

제약회사 영업사원 생활을 하면서 만나는 고객들 가운데 간호사들이 있다. 종합병원 간호사들의 생활은 3교대 근무로 생활이 불규칙하고 스트레스가 심하다. 이런 스트레스로 인해 젊은 간호사들이 많이 힘들어하는 것 중에 하나가 난임이라고 한다. 내가 담당하던 한 종합병원에서는 한 해 동안 간호사 네 명이 난임으로 병원생활을 그만두었다. 안정된 직장을 포기했지만, 퇴사 후에 원하던 임신도 하고 행복하게 살고 있다는 이야기를 들었다. 그분들은 용기를 내서 변화를 선택했고, 더 행복해졌다.

지금 잡고 있는 것을 꽉 쥐고 있으면 다른 기회를 잡을 수 없다. 타잔이 다음 나무로 건너가기 위해서 지금 잡고 있는 덩굴을 놓아야 하는 것처럼, 지금 쥐고 있는 것을 놓아야 더 소중한 다른 것을 잡아볼 기회가 생긴다. 만약 직장생활에서의 스트레스가 큰 영향을 주고 있다면 용감한 결정을 내릴 필요도 있다. 정말 원하는 것이 있다면 다른 것은 과감하게 미루는 것이 소중한 것을 집중해서 얻을 수 있는 방법이다.

앞선 자료들을 통해서 최근 이혼률이 계속 증가 추세이기는 하나, 아이가 있는 부부는 이혼의 위험도가 낮다는 사실을 알게 되었다. 물론 이 말이 아이가 없는 가정은 이혼하기 쉽고 불행하다는 뜻은 아니다. 단지 아이는 인생에서 가장 소중한 선물 중에 하나이고, 많은 자료들에서 '자녀의 유무가 이혼률에 영향을 준다'고 하니, 더 길게 봐야 한다는 이야기를 하고 싶다.

생활에서의 여러 스트레스로 난임의 고통을 받고 있다면 회사를 그만둬도 괜찮다고 생각한다. 너무 걱정하지 말자. 용기 있는 결정으로 더 행복해질 수 있다.

04. 육아를 잘해야
행복한 가정생활을 할 수 있다

이 장에서는 육아를 하면서 부부가 각자의 역할에서 밸런스를 잡는 방법과 실전에서 익힌 노하우를 공유하고자 한다.

나는 두 아이를 키우고 있다. 첫째딸아이는 네 살, 둘째아들은 고작 두 살이다. 한참 손 많이 가고 신경 쓸 일이 많을 때이다. 부부가 서로 육아에 대한 의견도 많이 교환해야 하는데, 이때 많은 부부가 다툼이 생기기도 한다. 하지만 나는 결혼(2011)하고 지금까지 아내와 어떤 일로도 다툰 적이 없었고, 그것은 아내가 두 아이를 임신하고 출산해서 함께 육아를 하고 있는 지금도 계속 되고 있다.

이런 배경을 아는 친구나 선배들은 가끔 만날 때마다 "아직 안 싸웠어?"라고 묻곤 한다. 결혼 후 아이까지 키우면서 한 번도 싸우지 않고 지낼 수 있는 방법이 많이 궁금한 것 같았다.

한 커리어 연구소에서 직장인의 스트레스에 대해 발표한 적이 있다. 직장인이 받는 스트레스 정도와 그 원인을 조사했는데, 스트레스의 대부분이 육아와 취업(재취업) 때문이라고 한다. 육아에 서툴러서인지 워킹대디가 워킹맘보다 육아 스트레스(46.9%)를 더 많이 받는다고 한다. 아빠도 정말 힘들다. 워킹맘들은 출산과 육아 등으로 경력단절을 겪기 때문인지 오히려 육아(24.9%)보다 취업·재취업에서 받는 스트레스(37.9%)가 더 컸다.

또 다른 연구소에서 워킹대디를 대상으로 한 설문 조사에서도 거의 대부분(95%)의 남자들이 아내들에게 육아 때문에 '일찍 들어와서 애 좀 봐! (37%)' 라는 잔소리를 듣고 있다고 밝혔다. 남자 입장에서는 회사에서 힘들게 하루를 버티고 겨우겨우 퇴근했는데, 그런 소리를 들으면 집에서도 마음 편하게 쉬기는 어려울 것이다. 하지만 아내들의 목소리를 들어보면 역시 고충이 많다.

한 여성기관에서 워킹맘의 고통지수에 대해서 조사를 했는데, 그들이 힘들어하는 항목들은 다음과 같았다.

• 집안에서 가사를 혼자 부담한다(65%)

- 육아는 항상 내 몫이다(61.4%)
- 육아와 직장생활을 병행하는 것이 어렵다(83.7%)

직장생활과 결혼생활을 하면서 동시에 육아까지 잘 해내는 것은 거의 불가능하다고까지 말하는 이유이다. 많은 선배와 동료들이 나의 '비밀'을 궁금해 할 만하다.

내 아내도 워킹맘이다. 하지만 아내에게 위와 같은 불만은 들어본 적이 없다. 이유는 간단하다. 우선 아내가 나보다 더 바쁜 것이 첫 번째이다. 내가 바쁘지 않은 것은 아니다. 과도한 업무에 허덕인 적이 많다. 하지만 업무를 적절하게 조절하는 방법(뒤에서 밝힘) 등으로 내가 할 수 있는 최선에서 회사 일을 해내고 시간을 확보하려 했다.

아내는 내가 육아에 최선을 다하고 있음을 인정하고 있다. 어떻게 인정하게 되었을까? 나는 항상 지금 나의 상황을 상세하게 이야기해 주고 있다. 아내와 나는 이것을 재미로 싱크(Sync, 동기화)라고 한다. 내 일상과 생활, 업무, 아이들과 놀아준 것 등을 최대한 아내가 알 수 있도록 상세하게 이야기해 주기 때문이다. 카카오스토리도 활용하고, 밴드도 활용한다. 사실 동원할 수 있는 방법을 다 동원하고 있다.

첫째아이는 내가 영업부에서 마케팅 부서로 막 옮겨서 한창 야근을 하던 시절에 태어났다. 당시에는 밤 열두 시 전에 퇴근하는 날이 드물었다. 나는 아내에게 이렇게 이야기했다. "이번 주는 월, 화, 목요일에 야근할 일이 많을 것 같아. 아마 새벽 두세 시에 퇴근할 거야. 하지만 수, 금요일은 최대한 일찍 올게. 여덟 시 정도면 될 거 같아." 그리고 첫째아이와 한창 놀아주어야 했던 때는 이렇게 말했다. "다현이랑은 화, 목요일에는 한 시간 정도 그림책을 읽어줄 수 있을 거 같아. 주말에 낮 잠 자기 전에는 놀이터에 데려가서 뛰어 놀게 해서 잠을 푹 자게 만들게. 그리고 나도 옆에서 같이 자면서 좀 쉬어야겠어."

매일같이 새벽에 퇴근하는 남편이 구체적으로 어떻게 아이와 놀아줄지 미리 이야기해 놓으면, 아내는 내가 늦게 퇴근하는 날에 대해서 불평을 하기는 어려웠을 것이다. 아내는 그나마 내가 일찍 올 수 있는 날에 내가 아이와 더 재미있게 놀아줄 수 있도록 아이디어를 주고, 어깨를 주물러주곤 했다.

어떤 일이라도 함께하는 상대편이 지금 할 수 있는 것보다 적게 노력하는 것 같은 기분이 들면 불만이 생길 것이다. 육아도 역시 마찬가지로, 상대방이 아이와 놀아주거나 집안일을 할 수 있을 것 같은데 '안' 하고 있다는 생각이 들면 다툼으로 이어질 가능성이 커진다. 배우자가 최선을 다한다는 느낌을 받지 못하기 때문이다. 그리고 비난 받는 당사자(보통은 남편) 입장에서는, 자기는 한다고 했는데 상대방(보통은 아내)이 안 도와준다고 비난하면 마음이 상할 것이다.

이 상황을 잘 해결(예방)하려면 서로 소통을 잘하는 수밖에 없다. 상호 소통(sync)이 어렵다면 일방통행식 통보라도 해서 내가 지금 하고 있는 노력을 상대방에게 알리는 것이 좋다. "당신은 나에게서 100을 기대하고 있겠지만, 내 상황에서는 50을 하는 것이 최선이다. 나는 지금 50의 힘을 아이들에게 투자하기 위해서 굉장히 애쓰고 있다. 나의 노력을 인정해 달라."고 미리 이야기하는 것이다.

상호간의 소통. 너무 쉬운 이야기 같은가? 그렇다면 스스로 이런 식으로 배우자와 이야기해 본 적이 있는지 생각해 보자. 이론적으로 상상만 했을 때는 굉장히 쉬운 대화 내용이다. 하지만 대화를 시작하고 서로가 상대방에게 기대하는 '육아'의 레벨에 대해서 이야기하는 것은, 미묘하면서도 어려운 균형 잡기가 필요한 작업이다.

육아는 체력적으로도 굉장히 중노동이다. 하지만 육아 스트레스가 단지 힘든 직장생활과 집에서 아이들을 돌봐야 하는 데서 오는 체력적인 문제나 육체적 고단함에서 시작되는 것은 아닌 것 같다. 오히려 배우자가 본인의 입장과 마음을 헤아려주지 않는다는 서운함과 상처에서 비롯된다. 그리고 이런 감정은 현실에 치여서 서로가 그동안 대화를 너무 못하고 살았기 때문에 발생한다. 한 육아 전문가는 다음과 같은 해결책을 제안한다.

"특히 양육 스트레스를 많이 느끼는 부부에게는 '대화'가 더욱 필요하다. 마음속에 담아 놓지 말고 '어떤 점이 힘드니까 좋은 방법을 같이 찾아보자.' 혹은 양육에 있어서 '어떤 부분을 구체적으로 도와달라'는 식의 분명한 의사 전달을 해야 한다. 상대방의 잘못을 나열하고 책임을 전가하는 식의 표현은 가급적 하지 않는 것이 좋다."

이것 역시 너무 쉽고 당연한 제안인 것 같은가? 하지만 저 쉬운 것을 못해서 육아 때문에 당신과 당신의 배우자가 힘들어 하고 있다. 제대로 한 번 대화해 보자. 결혼생활이 4~5년 된 부부들이 하는 것은 '대화'라기보다 '말'인 경우가 많은 것 같다. 한 커뮤니케이션 전문가는 '말은 의사를 전달하는 일방통행이며, 대화는 의사를 교환하는 양방통행'이라고 정의했다.

육아에 대한 나의 비밀은 너무나 식상하고 뻔한, 그래서 정답일 수밖에 없는 '소통과 공감'이다.

05. 직장에서 행복해져야
가정에서 행복할 수 있다

이 장에서는 나와 가족이 모두 행복해지려면 직장생활의 행복에 보다 신경을 써야 한다는 이야기를 하려 한다. 직장에서 느끼는 행복감이 퇴근 후 가정에서의 행동에 영향을 주기 때문이다. 그리고 회사가 직원들을 즐겁고 행복하게 만들어줄 가능성보다는 우리 스스로가 즐거움을 찾으면서 일하는 것이 행복으로 가는 더 빠른 길이라는 이야기를 하려 한다.

우리는 즐거운 일을 할 때 대가를 지불한다. 교통체증을 감내하고 공연장까지 이동해서 돈을 내고 공연을 본다. 나올 때는 주차요

금까지 지불한다. 직장은 급여를 받고 일하는 곳이다. 직장생활이 힘들고 스트레스가 많다고 투덜거리면, 선배들은 곧장 "회사생활이 재미있으면 니가 회사에 돈을 내고 출근해야지." 하는 대답을 하곤 했다.

월급을 받고 일하는 직장인이니까 이런 스트레스와 행복하지 않은 일상을 당연한 것으로 감내하면서 생활해야 하는걸까? 다음 사실들을 확인하고 나면 이런 것들을 그대로 받아들일 수는 없게 된다. 우리는 직장에서의 시간을 최대한 행복하게 보내야 한다. 나에게만 영향을 주고 끝나는 것이 아니기 때문이다.

2011년 한국심리학회지에 「직장에서 가정으로의 정서 파급」이라는 논문이 개제되었다. 이 논문에서는 '파급이론(Spillover)'을 다루었다. 파급이론이란, 직장에서의 감정이 가정과 평소 삶의 질에 영향을 준다는 이론이다. 이 이론에 따라 직장에서의 보람, 성취감 등 긍정적인 정서가 가정생활에 파급되어 전반적인 삶이 행복해지는 효과가 있다고 밝혔다.

흥미롭게도 회사에서 겪는 부정적인 정서가 가정으로 전달될 때보다 긍정적인 정서가 파급될 때 관찰 대상 그룹의 외향적인 성향이 확연하게 증가되었다. 그러므로 회사에서 부정적인 경험을 줄이는 것보다 즐거운 경험을 증가시키는 것이 퇴근 후에 집에서 더

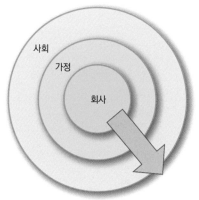

그림 15. 파급이론 – 하루의 대부분을 보내는 회사에서의 경험은 가정, 사회에 큰 영향을 준다.

밝고 외향적으로 지내는 데 도움이 된다고 할 수 있다.

하지만 안타깝게도 한 조사에 따르면, 행복한 직장인은 가뭄에 콩 나듯한다. 행복한 사람보다 행복하지 않은 사람들이 훨씬 많은 상황이다. 잡코리아와 한겨레가 2014년에 직장인 만족도 조사(2,732명)에서 '회사 만족도 100점 만점에 45점, 77%가 스트레스 많이 받아'라는 결과를 발표했다. 지금 우리가 회사에서 겪는 감정들은 혼자만의 힘든 일들이 아니라는 뜻이다.

회사는 직원들이 행복해 하면 생산성을 올릴 수 있다는 사실을 잘 알고 있다. 한전경제경영연구원은 심지어 Special Report를 발표하여, 직업에 대한 만족도가 올라가서 직원들이 행복할수록 재무적 성과, 노동 생산성, 제품과 서비스의 질 모두가 상승되는 것을 확인하였다.

이런 연관성은 국내뿐만 아니라 해외에서도 수없이 연구 발표되었다. 행복한 직원들이 있는 조직의 성과는 올라간다. 그래서 구글과 페이스북 같은 회사들의 케이스가 빈번히 소개된다. 국내 회사들도 물론 그 사실을 잘 안다. 그래서 벤치마킹도 하고 컨설팅도 받고 케이스 스터디도 진행한다. 하지만 그 조직들의 직원들 행복도와 성과가 상승하지는 않는다. 조직의 문화와 조직의 구성원이 이미 다르기 때문이다.

따라서 우리는 회사에서 행복해질 수 있는 방법을 우리 스스로 찾아야 한다. 어떻게 하면 직장인인 우리가 회사에서 행복해질 수 있을까? 어떤 가치에 집중하면 행복을 찾을 수 있을까?

이 막연한 물음에 대해서 2013년 삼성경제연구소(SERI)가 내놓은 '직장인의 행복에 관한 연구'의 세 가지 키워드는 '만족감, 즐거움, 가치'이다. 이 키워드로 보면, 행복한 직장인은 '직장생활에서 만족감이 높고, 긍정적인 마음이 있고, 직장생활에서 가치를 찾는' 상태의 사람이다.

내가 스스로 행복해지는 비밀

1. 내가 중요하다, 나의 행복을 찾는다

행복은 강도보다 횟수가 중요하다. 특히 좋은 성과를 만들어내는 행복한 상태가 되기 위해서는, 부정적인 감정을 한 번 느낄 때 긍정적인 감정을 세 번 경험해야 한다고 한다.

로사다의 법칙에는 2.9013이라는 숫자가 나온다. 심리학자이자 비즈니스 컨설턴트인 마셜 로사다는, 성공적인 기업의 특징으로 부정적인 자극이 한 번 발생할 때 긍정적인 자극이 대략 2.9번 정도 나타난다는 것을 발견했다. 그리고 팀의 긍정성의 비율이 실적에 큰 영향을 미친다는 사실도 알아냈다. 그래서 그녀는 컨설팅을 통해 회사의 긍정성과 부정성 비율을 끌어올리는데 집중했고, 긍정성을 1.15에서 3.56까지 끌어올려서 매출을 40%가량 성장시키기도 했다.

우리가 응용할 수 있는 점은, 우리가 이 비율을 의지대로 조정할 수 있다는 것이다. 정말 간단한 방법이 있다. 작은 것들이라도 찾아서 감사한 마음을 가져보는 것이다. 나는 나에게 축하, 감사, 안도의 문자를 보내기도 한다. 마음속으로 생각하는 것으로는 부족하다. 직접 메시지를 보내야 그 효과가 최대화된다. 햇볕이 따가운데 선글라스가 있어서 다행이네, 회사 그만둔 것을 축하해….뭐 하는 짓인가 싶은가? 그러나 그 효과만은 만점이다!

2. 친구를 찾아라

직장 내에서 사회적 관계가 단단할수록 행복하다. 삼성경제연구소 (SERI)의 조사 결과, 행복한 직장인(행복도 상위 20%)은 직장에 약 세 명의 친구가 있으며 불행한 직장인(행복도 하위 20%)은 직장 친구가 약 1.7명에 불과하다고 한다. 최소한 서너 명의 친한 친구를 둔 사람은 그렇지 않은 사람보다 더 건강하고 높은 삶의 질을 누리며 업무에도 몰입할 수 있다.

직장에 친한 친구가 있는 사람이 친한 친구가 없는 사람보다 업무에 집중할 확률은 무려 일곱 배에 달한다. 좋은 대인 관계는 힘겨운 시간을 겪는 동안 고통을 완화시키는 역할과 스트레스 수치를 낮춰주는데, 친구가 행복할 때 자신이 행복해질 확률이 15% 증가하기 때문이다.

정신없이 바쁘고 힘들겠지만, 친한 동료와는 지속적으로 교류하여 우정을 쌓아야 한다.

3. 쉬는 시간을 확보하라

억지로라도 일을 멈추고 휴식할 필요가 있다. 회사의 업무는 대부분 컴퓨터로 작업을 한다. 컴퓨터로 작업을 하게 되면 몇 시간이고 한 자세 꼼짝도 않고 일하는 경우가 많다. 흡연자는 주기적으로 담배를

그림 16. 쉬는 시간을 확보하기 위한 내 휴대폰의 알람들.

피우러 왔다갔다하면서 몸을 움직이는데, 비흡연자들은 일부로 노력하지 않으면 잘 움직이지 않게 된다.

휴대폰에 월요일에서 금요일까지 80분 단위로 알람을 설정하자. 꼭 소리나 진동일 필요는 없다. 무음으로 해두고 화면에 알람이 뜨면 하던 일을 멈추고 자리에서 벌떡 일어나자. 10분 동안 동료들이 무슨 일을 하고 있는지 관심을 기울여보자. 참고로 90분마다 알람을 설정하면 10시 30분, 12시, 점심시간 후 2시 30분, 4시이다. 스스로 쉬는 시간을 확보하여 생산성을 끌어올리자.

4. 자기 계발을 하자

약점을 보완하기보다 강점을 극대화하는 계발을 하자. 자기 계발이라고 대학원, 학원 등을 등록하자는 말이 아니다. 물론 배움을 이어나갈 필요도 있지만, 그보다는 자신의 강점을 계속 개발해 나가자는 의미이다. 약점을 개선하는 노력으로 전반적으로 평균인 직원이 될 수도 있지만, 남들보다 잘하는 능력을 더 키워서 회사 내에서 the only one으로 인정받자.

꼭 업무 관련된 능력일 필요는 없다. 자기 만족감도 크게 증가하고 자기 계발하는 시간이 즐거워지면 된다. 사람이란 스스로 즐거운 일을 할 때는 없는 시간도 만들어낼 수 있는 힘이 생기는 법이다.

미디어에 소개되는 '정말 행복하게 일한다'는 사람들이 있다. 그들은 대부분 크게 성공한 분들이다. 그동안 행복하게 일할 수 있기 때문에 성공했을 수도 있고, 성공했기 때문에 이제는 행복하게 일하는 것일 수도 있다.

성공할 때까지 인내하고 행복을 미루면서 살아서는 안 된다. 오늘이 지나가면 내일이기 때문이다. 돌아갈 수 없다. 회사에서 성공하기 위해서 나와 가족의 행복을 뒤로 미뤄서는 안 된다. 나뿐만 아니라 내 가정이 행복하기 어려워진다.

회사에서 스트레스 받는 일에 에너지를 쏟지 말고 나를 행복하게 만드는 것들을 찾아내자. 우리는 행복해지기로 결심할 수 있다. 심지어 회사에서도 행복해지기를 선택할 수 있다.

당신은 어떤 당신이 되기로 결정했는가?

06. 언제까지 행복을 아끼고 미룰 것인가?

　이 장에서는 현재 누리고 느껴야 할 '지금 행복'을 여러 가지 현실적인 이유로 미룬다면 결국 나중에 후회할 수밖에 없다는 사실을 말하고자 한다. 그리고 지금 행복을 누리려면 내가 무엇을 원하는지 정확하게 알고 살아가는 것이 반드시 필요하다는 이야기도 하려 한다. 치열하고 정신없는 현대 사회에서는 중심축을 제대로 잡지 못하면 그저 하루하루 버티다가 생활에 휩쓸려버리기 쉽기 때문이다.

　미국의 사업가이자 작가였던 Jim Rohn은 행복에 대해서 '행복은 미래를 위해서 미뤄둬야 하는 것이 아니다. 행복은 현재를 만들어 가는 것이다(Happiness is not something you postpone for the future; it is something you design for the present).'라고 했다. 행복은 현재를 위한 것이다.

돈은 모아서 은행에 넣어두면 이자가 붙는다. 원금이 늘어가는 것이다. 써야 할 돈을 절약해서 차곡차곡 은행에 넣어두면 0%에 가까운 이자라도 이자가 붙긴 한다. 종자돈을 모으기 위해서는 돈을 아끼는 것이 필요하다. IMF 당시 1998년도에는 현금을 은행에 넣어두면 최대 25%까지 이자를 붙여줬다. 1천만 원을 은행에 넣어두면 1년 후 1천 250만 원이 되어 있는 것이다. 돈을 써야 할 데를 줄이고, 아끼고 또 아껴서 적금, 예금을 할 만하다.

그렇다면 우리의 행복도 저금처럼 지금 써서 누리지 않고 아끼고 미뤄두면 이자가 붙는가. 이자는커녕 본전도 못 찾는다. 못해 본 것에 대한 후회만 남거나, 후회할 일이 있었다는 사실마저 잊어버릴 수 있다. 사람들은 3년 뒤에는 새 차를 사겠다, 40대에는 집을 사겠다, 언젠가는 세계 일주를 하겠다는 등등의 계획을 짠다. 그리고 이런 계획들은 현재의 행복을 아끼고 미뤄두도록 설계되는 경우가 많다.

극단적인 예로, 가족여행을 가고 싶지만 회사 일 때문에 10년간 여행을 못 갔다고 하자. 10년 뒤 아이들이 다 자라고 난 후 가는 여행이 10년 전에 어린 아이들과 함께 다니는 여행보다 열 배 더 행복할까? 10

년 동안 짬을 내서 가까운 곳이라도 다니는 여행의 추억들이 더 행복한 여행이 아니었을까?

하고 싶은 대로 다 하고 일을 저지르고 다니라는 말이 아니다. 철없이 갖고 싶은 것을 사기 위해서 카드를 긁어대면 남는 건 카드빚과 낮은 신용등급뿐이다. 하고 싶은 것을 하려고 할 때도 그게 무엇인지 정확하게 알아야 하고, 그 일이 나에게 주는 의미도 정확하게 파악해야 한다.

하고 싶은 일을 명확하게 파악하고 나면 지렛대를 찾아야 한다. 수많은 준비와 해야 할 일들 중에서 단 하나, 지렛대 역할을 하는 일을 찾아내야 한다. 젠가 퍼즐에서처럼 전체 탑을 한 방에 무너질 수 있는 가장 중요한 블록이 무엇인지 알아내야 한다. 젠가 퍼즐에서는 그 블록을 건드리면 안 되지만, 우리는 그 블록을 찾아내서 그것을 제일 먼저 해내야 한다. 그 일만 잘 해내면 다른 일들을 저절로, 혹은 굉장히 수월하게 해낼 수 있기 때문이다.

대학에 다니던 시절, 나는 미국에 가보고 싶었다. 하지만 현실적으로는 많은 장애물들이 있었다. 당시에 맞닥뜨렸던 문제와 해결 과정을 정리해 보면 다음과 같다.

미국을 가고 싶다고 당장 부모님께 돈을 빌려서 비행기표를 끊는 것은 어린 애들도 생각해 낼 수 있는 방법이다. 미국에 너무나 가보고

내가 하고 싶은 것	미국에 배낭여행을 가고 싶다.
나의 현실	넉넉하지 않은 대학생.
현실의 장애물	당시에는 까다롭게 발급되었던 미국비자, 비싼 항공료, 숙박할 장소, 생활비 등등.
지렛대 해결법	미국에 있는 누군가 나를 고용하여 현지에서 일을 하면서 여행을 할 수 있다면 비자, 비용, 숙박 등이 해결.
찾아낸 지렛대	CCUSA (Camp counselor in USA) 프로그램- 전세계 젊은이들을 미국 어린이들의 방학캠프의 선생님으로 고용하는 것, 미국 어린이들에게는 전세계 다양한 문화적 배경을 갖고 있는 선생님들을 만날 수 있는 기회를 제공.
준비 과정	여행경비를 모으기 위해서 아르바이트를 할 뻔한 2~3개월 동안 인터뷰와 자기소개서 준비를 했음, 교수님들의 추천서를 요청하고 다녔음.
결과	비자, 항공권 등 당시의 나에게는 부담스러웠던 절차를 프로그램에서 해결해 주었음. 캠프 프로그램에서 나오는 월급으로 항공료와 숙식은 물론 용돈까지 다 해결하였음. 뉴욕 배낭여행을 하고 난 다음에도 100만 원 정도를 더 벌어서 귀국함.

표 3. 미국을 가는 데 장애물과 지렛대 해결법

싶은데 가는 절차와 비용이 문제였고, 그것을 해결할 수 있는 가장 좋은 방법이 '현지 취업'의 형태라는 것을 알아냈기 때문에 나는 그 길로 노력했다.

만약 그 시절의 현실적 어려움으로 인하여 미국에 가는 것을 포기했다가 직장인이 되어 여름 휴가로 미국을 다녀온다고 해도 내가 지금 갖고 있는 추억은 없을 것이다. 당시에 두 달 동안 산속의 통나무 텐트에서 생활하는 등 많은 어려움을 겪기는 했지만, 그때의 추억은 지금까지도 계속 곱씹을 수 있는 큰 행복으로 남아 있다. 30대 중반에 내

돈을 내고 고급 호텔에서 숙박할 수 있는 휴가를 간다고 해도 이 행복은 가질 수 없는 것이다.

지금 하고 싶은 일을 시작하는 것이 그 일의 성공을 보장하지는 않지만 나중의 후회를 없게 해 준다. 어떤 일을 성공할 수 있는 가장 큰 비밀은 일단 해보는 것이다. '이 일을 지금 하고 싶은데 (혹은 이 일을 정말 하기 싫은데) 어쩔 수 없다. 지금은 조금 참아야 할 때이다.'라고 해봤자 나중에는 지금의 이 기분, 이 생각이 안 들 수도 있다. 계속 기대했던 적절한 시기가 안 올 수도 있다. 단 한 번 휙 지나가는 인생에서 그 시기에만 사용할 수 있는 '지금 행복'을 매순간 포기하고 놓쳐버리는 것이다.

많은 유명인들이 그들의 특강이나 인터뷰에서 '하고 싶은 일을 하면서 살라'는 이야기를 한다. 그들이 성공했기 때문에 그렇기 말한다고 생각할 수 있다. 그들이 성공하기까지 희생한 것들이 아쉬워서 너희들은 그렇게 살지 말라고 하는 이야기일 수도 있다. 아니면 하고 싶은 대로 해왔기 때문에 누구보다 더 많은 성취를 이루었을 수도 있다.

그들의 이야기를 듣는 대부분의 사람들이 하는 것과 똑같은 핑계 – 지금은 나중을 위해서 참아야 해요, 지금은 때가 아닌 것 같아요, 조금만 더 있다가 해 볼게요 – 를 대면 나도 결국 살아온 대로 살아갈 뿐이다. 똑같아진다. 지금을 그렇게 참고 아끼고 희생하면서 겨우겨우 이루어낸 것들이 나중에는 내가 원하고 바랐던 것들이 아니라는 것을 알게 되면 얼마나 허무할까. 지나가버리면 사라져버리는 '지금 행복'을 다시 찾을 수 있는 방법은 없다. 당장 행복해져야 한다. 지금! 행복하자.

내가 원하는 것이 무엇인지 명확하게 알아내자. 그 일을 해내기 위해서 가장 중요한 한 가지가 무엇인지 파악하자. 그 한 가지를 해내는 것을 미루지 말자. 어떤 일을 해내는 가장 확실한 방법은 일단 질러 보는 것이다. 지금 행복해지기를 선택하자.

Part 3

내 삶에 큰 축, 직장에서
착한 이기주의로 사는 법

01. 일을 했다면 티를 내자

이 장에서 하려는 이야기는 간단하다. 티를 내자. 무리해서라도 빡세게 해서 자기 일은 완수하고 꼭 티를 내자. 일하다가 과로해서 몸이 아픈 것도 역시 참지 말고 티를 내자. 우리가 회사에서 하는 모든 일은 남들이 알아줘야 한다.

"니가 하는 일이 뭐가 그렇게 많아? 낮에는 뭐하고 야근까지 해야 돼?"

힘들게 야근까지 하면서 일하고 있는데 가장 억울하게 들릴 말이다. 하지만 상사는 당신이 무슨 일을 하고 있는지 정말 몰라서 물어보는 것일 수도 있다.

기한 내에 마쳐야 할 일이 산더미같이 쌓여 있는데 죽도록 일해도 일이 줄어들지 않는다면, 어떻게든 할 일은 다 해놓고 쓰러지는 게 맞다고 생각한다. 체력 안배해 가면서 일하다가는 일도 마무리 안 되고, 당신의 평판 관리도 안 된다. 어떻게든 다 해놓고 링거를 맞으러 가든지 병가를 내든지 하는 게 좋다.

할 일을 다 해놓고 난 뒤라면 더 이상 버티지 말고 쓰러져도 된다. 그래야 상사가 당신이 뭔가 버거운 일을 맡았는데 '다 하긴 했구나' 하고 인정한다. 일을 하는 대로 뚱땅뚱땅 해내면 상사는 내가 무슨 일을 어떻게 하는지 잘 알기 어렵다. 상사도 자기 일한다고 바쁘기 때문이다. 내 상사이니 아무리 바빠도 내가 무슨 일을 하는지는 알고 있을 거라고 생각하겠지만, 그렇지 않다.

나는 대학생 때 운동도 열심히 했고 덩치도 좋기 때문에 체력이 좋았다. 당시 무려 184cm, 96kg. 그래서 마케팅 부서로 이동한 다음 초반에는 힘든지도 모르고 일했다. 야근도 보통 야근이 아니라 심야 야근이 일쑤였다. 새벽 두 시에 퇴근하고 여덟 시에 출근하는 생활이 계속 반복되었다. 사람들은 내가 묵묵히 일하니까 야근을 그렇게 늦게까지 하는지도 잘 몰랐다.

이렇게 8개월을 일하다가 그해 12월에 쓰러져서 입원을 했다. 그제야 "니가 하는 일이 뭐가 그렇게 많았는데?"라는 말을 들었다. 내가 일을 하는 과정에 관계없이 결과물을 계속 제출해 왔으니, 소화할 만한 정도의 일이라고 생각했던 것 같다. 나는 죽자고 일해서 겨우겨우 맞춰왔는데, 사람들은 그저 당연히 만들어내는 결과라고 보통으로 생각했었다. 당연히 억울한 생각이 들었다. 이렇게 일하고 이 정도 인정받는다니…!

당신이 회사에서 해야 하는 일이 어마어마하게 많을 수 있다. 중요한 직책을 맡고 있거나 프로젝트에 참가하고 있을 수도 있다. 당신이 하는 일이 정말 대단히 중요한 일이라면 상사가 당신이 하는 일들을 하나하나 모니터링하고 있겠지만, 보통 그 정도로 중요한 일은 팀 프로젝트로 묶여 있고 당신이 하고 있는 일은 세세하게 모니터링 되지 않을 가능성이 크다. 또 일 자체가 많은 것도 직급이 낮거나 나이가 어려서 많은 잡무가 내려오는 것일 수 있다.

어떤 경우이든 해야 할 일이 많다면, 야근을 하든 밤을 새든 이를 악물고 일해서 다 해치워야 한다. 회사에서 나에게 준 임무를 다 해내야만 한다. 그래야 회사에서의 나의 책임을 다할 수 있다. 어떻게 해서든 주어진 일을 다 해내려면 결국은 체력 관리가 중요해진다. 그래서 어른들이 '공부건 일이건 결국 체력 싸움'이라고 하시는 것 같다.

하지만 아픈 것은 티를 내자. 회사 일을 해낸다고 체력을 갉아먹으면서 일을 하면 결국 병이 되고 만다. 야근을 거듭하다가 도저히 참을 수 없을 때는 쓰러져야 한다. 그리고 병원에 입원을 하라.

아프면 참지 말고 티를 내자. 집에서 누워 쉬지 말자. 끝까지 쓰러지지 않고 버티면 죽을 수도 있다. 과로로 인한 돌연사가 그 때문이다. 또 입원하지 않으면 제대로 치료도 안 되고 억울하게 꾀병으로 오해받을 수도 있다.

책임감 때문에 아파도 쉬지 못하는 사람이 있다. 내가 빠지면 회사의 중요한 프로젝트가 올스톱 될 것 같은 생각도 든다. 병실에 누워 있어도 나를 찾는 전화에 쉬어도 쉬는 게 아닐 것 같은 걱정도 든다. 하지만 시간이 조금 흐르고 나면 회사에서는 별 일이 없다. 생각했던 것만큼 업무를 물어보는 전화와 문자도 적게 오고, 점점 뜸해진다.

'내가 하는 일이 그렇게 중요한 일이 아니었나?', '사람들이 내가 어떤 일을 하는지 잘 모르나?' 하는 서운함이 들 수도 있다. 하지만 그렇지 않다. 회사는 조직이고 시스템이다. 직원 한두 명이 자리를 비우더라도 상사와 동료들이 충분히 커버할 수 있는 것이 회사라는 시스템이다. 그래서 다른 걱정은 하지 말고 내 몸은 내가 아껴야 한다.

내 삶의 균형을 잡기 위해서는 회사생활에서의 밸런스가 반드시 필요하다. 그리고 회사에서 밸런스를 잡기 위해서는 '내 업무는 어떤 일이 있어도 책임을 진다'는 것을 반드시 보여줄 필요가 있다. 내가 하는 일이 어떤 일이고, 그 일을 완수하기 위해서 내가 어떤 노력을 투자하는지를 상사와 회사에 끊임없이 어필해야 한다.

내가 무슨 일을 하는지를 알려야 회사도 거기에 대해서 인정을 해준다. 회사에 대한 내 책임을 다한다는 것을 명확하게 보여준 다음에 내 건강에 대해서 강력하게 어필해야 한다.

이 악물고 일하지 말자. 이 악물고 일을 해내면 '이 악물고 하면 되는 일'을 했다고 생각한다. 티를 내자. 내가 한 일은 잘했다고 티를 내자. 그래야 일을 잘하고 있는지 안다. 업무일지를 써서 내가 한 일들을 정리해 나가는 것도 한 방법이다.

몸이 안 좋은 것도 티를 내자. 죽기로 일했는데 안 죽으면 그 정도쯤 아직 괜찮다고 생각한다. 열심히 일하다가 못 버티겠으면 무리하지 말고 쓰러지자. 아픈 것을 참으면 병이 된다. 병이 되면 결국 나만 손해다.

02. 이 회사에서 내가 해야 하는 일은?

2013년 한 컨설팅 회사에서 조사한 바에 따르면, 보통 우리 같은 한국 직장인들은 하루 열한 시간 이상을 출퇴근과 회사생활로 사용한다. 평균 수면시간인 일곱 시간을 제외하면 깨어 있는 시간의 65%를 회사와 관련하여 사용하는 셈이다.

깨어 있는 시간의 절반 이상을 보내는 회사에서 당신이 하고 있는 일이 당신의 업무가 아니라 다른 사람의 업무라면, 이미 당신 생활의 밸런스를 잡는 것은 불가능하다. 이번에는 당신이 회사에서 해야만 하는 일을 어떻게 선별해 낼 수 있는지 알아보자.

대부분의 회사에서는 부서별, 직급별, 직책별로 기대하고 있는 역

그림 17. 한국 직장인의 일과표

할과 책임(R&R, Role and responsibility)이 명확하게 정리되어 있다. 이 R&R이 명확하게 정리되어 있지 않으면 내가 무엇을 해야 하는 지, 어떤 일을 누구에게 요청하고 지시해야 하는지 결정하기가 어려워진다.

하지만 회사에 R&R이 명문화되어 정리되어 있다고 하더라도 회사 문화, 팀 문화에 따라 그 경계가 모호한 경우도 많다. 그 경계를 명확하게 하지 않으면 관리자가 아닌 이상 각 직원들의 업무는 계속 늘어난다. 설혹 늘지 않는다 해도 줄어들기는 어렵다.

반대로 회사의 직원이 문서에 명기되어 있는 업무만을 하고 다른 사람의 일을 전혀 손대지 않는다면, R&R 수행에는 문제가 없겠지만 팀워크에는 영향을 줄 수도 있다.

R&R은 직무기술서(JD, job description)에 명기되어 있다. 보통 회사에서 제시하는 JD는 아래와 같이 굉장히 세부적으로 기술되어 있다. 해야 할 일을 회사에서 수행해야 하는 역할 별로 세세하게 구분하였고, 각 역할에서 필요한 능력과 업무를 기술해 놓았다.

1. PURPOSE OF POSITON/ROLE
To maximize the lifecycle potential of a designated brand during the annual operating period, meeting agreed business objectives through effective marketing, operational planning, implementation and management of resources.

2. KEY ACCOUNTABILITIES AND RESPONSIBILITIES:
- Marketing Planning: To develop the operating plan/POAs for designated product(s) for promotional campaigns in line with the marketing strategy.
- Forecasting: To use modeling or forecasting tools with the help of the team leader to forecast future trends and business needs.
- Implementation of Plans: To ensure effective implementation of designated promotional plans to achieve desired business outcomes.
- Monitoring and Control: To monitor progress against designated promotional plans to ensure corrective action can be taken if deviations occur.
- Cross Functional Working: To contribute to the work of cross functional product teams to facilitate a cohesive approach to the marketing and sales of TAKEDA products.
- Market Intelligence: To analyze and interpret market intelligence from a range of sources, including market research to ensure that knowledge is up to date and appropriate for input into decision making.
- Training: To train sales representatives over products, competitors and other marketing materials (product slides) in collaboration with sales trainer(s) and other department such as medical.

3. SKILLS, KNOWLEDGE, QUALIFICATIONS AND EXPERIENCE
- At lest 2 years' marketing experience (strongly preferable in pharmaceutical or other healthcare industry) & Sales experience is a plus
- Bachelor or above degree
- Fluency in spoken and written English
- Good cross-functional and communication skill
- Competent in computer skills (MS Word, Excel, Power Point etc.)

4) 주요업무:
- Manage respiratory portfolio and achieve market share and sales targets within promotional budgets.
- Ensure Brand deliverables are met.
- Development, implementation & delivery of short/long term Brand strategies and tactical implementation
  - Communication and coordination with the sales team and other internal stakeholders such as Medical, KAM, operation, SCM etc.
  - Carrying out monthly demand forecasting.
  - Mobilize 3rd party to achieve sales target
- Implementation control and project management
  - Evaluation of the effectiveness of promotion and advertising programs and making recommendations for improvements or changes as necessary
  - Management of product resources
  - Ensure that all of marketing programs will be compliance with internal policy as well to will be aligned to short/long term strategies across products.
- Market and competitor intelligence
  - Analysis of market trends, sales potential and competitor intelligence
  - Preparation of sales forecasts for use in planning manufacturing operations and inventory control.
- Customer centric deliverables
  - Identification of Brand & therapeutic experts for the organization.
  - Acting as Brand expert & being available to customer facing & customer supporting roles.
  - Delivery of a unique customer experience & development of Brand loyalty including the review of identified customer needs with regard to the Brand & the recommendation of services that may help meet identified needs
- Key communications to the
  - Sales team and internal stakeholders including GMA, Finance, Operation, SCM, KAM, CO
  - Key Customers / opinion leaders
  - Regional/Global Franchise colleagues
  - 3rd party for Nesonex
- Ensure all business activity complies with relevant Acts, legal demands and ethical standards

그림 19. 외국계 제약회사 JD 예시

만일 회사에서 일하는 동안에 이런 JD를 본 적이 없다면, 혹은 보긴 했는데 기억이 잘 나지 않는다면, 인사부에 요청해서 자신이 담당하고 있는 업무에 대해서 회사가 기대하고 정해 놓은 세부적인 역할과 책임을 확인하자. 회사생활을 4~5년 이상씩 한 사람들은 굳이 JD를 보지 않아도 하고 있는 일들은 생각해 낼 수 있을 것이다. 그래도 인사부에서 받은 JD를 펼쳐놓고 내가 매일매일 하고 있는 일이 얼마나 내 직무의 원래 책임에 해당되는지 살펴보자.

지금 당신이 해야 하는 일을 잘 파악하고 있다면, 당신이 매일 하고 있는 일과 JD에 기술된 각 항목이 많은 부분 일치할 것이다. 하지만 막상 하나하나 확인해 보면, 실제로 우리가 매일 하고 있는 업무는 JD 항목에 해당되는 것들보다는 애매한 영역에 있는 업무들이 꽤 많다. 이 업무들이 바로 우리가 회사에서 밸런스를 잡는 데 장애물이 되는 범인들이다.

팀 동료가 바쁜 일 때문에 자기 업무를 가끔 부탁하는 것은 나도 그런 부탁을 할 수 있기 때문에 R&R을 지키지 못한다고 보기 어렵다. 하지만 출근해서 하루 종일 하는 업무의 상당 부분이 원래 내 직무와 일치하지 않는다면, 자기 일은 못하면서 다른 사람의 일을 대신해 주고 있는 셈이다.

그러므로 회사 업무를 잘 해내면서 삶의 균형을 잡기 위해서는 회사에서의 R&R을 명확하게 하는 것이 그 첫 걸음이다. '나의 업무'로서 내가 해야 하는 일과 내 권한 내에서 '내가 할 수 있는' 일을 정확하게 알고 있어야만, 우선 그 일들을 처리하는 것에 집중할 수 있다. 그리고 '내 일'의 범주가 아닌데 갑자기 떨어지는 일들을 명확하게 정리해 낼 수 있다.

당신이 종일 허덕이면서 처리한 일이 상사나 선후배, 동료들의 부탁이었다고 가정해 보자. 일과가 끝난 후 그들은 나의 도움을 받아서 업무를 다 처리하고 퇴근하는데, 나는 종일 다른 사람의 일을 도운 탓에 야근을 해야 한다. 생각만 해도 속이 쓰리지 않은가?

물론 상사가 시키는 일이니 어쩔 수 없이 무조건 해야 하는 경우도 있다. 하지만 시키니까 해내야 하는 것과 내 일은 아니지만 상사가 부탁하니까 도와주는 것의 차이는 크다.

어떤 사람들은 내 일만 챙기면 평판에 안 좋은 영향을 준다든지, 나의 행동이 이기적으로 비춰질 경우 팀워크에 악영향을 줄 것이라고 걱정하기도 한다. 하지만 상사가 부탁하는 일을 도와주고, 다른 업무에 허덕이는 동료를 도와주는 것은 내 일을 다 처리하고 난 다음이어야 한다.

우리는 회사에서 밸런스를 잡고 그 밸런스를 가정에까지 연장시켜야 한다. 사람만 좋은 매일 야근하는 직원이 되고 싶은지, 아니면 자신이 맡은 업무는 칼같이 마무리해 놓고 다른 사람의 업무도 조금은 도와주는 직원이 되고 싶은지 잘 생각해 보자.

내가 해야 하는 일이 무엇인지 명확하게 알아야 그 일들을 잘 해낼 수 있다. 내 업무가 아닌 것은 잘 거절하거나 뒤로 미뤄두자. 내가 해야 할 일부터 완벽하게 해내자. 그래야만 내 시간을 확보해서 밸런스를 잡을 수 있다. 아니, 잡기 위해서 시도라도 해볼 수 있다.

03. 일 잘하는 사람들의 세 가지 공통점

　우리 삶에서 밸런스를 잡기 위해서는 우리 생활을 양분하고 있는 직장과 가정에서의 균형이 가장 중요하다. 주중에 깨어 있는 시간의 대부분을 직장에서, 그리고 통근에 사용하는 우리들에게 직장생활의 질(quality)은 삶의 질을 결정한다고 볼 수 있다.

　직장생활을 잘 하기 위해서는 일을 잘하면 된다. 그렇다면 어떻게 해야 일을 잘하는 걸까? 직장 동료들 사이에서 인간관계가 좋아야 서로 밀어주고 당겨주면서 도움을 주는 것은 당연한 일이니, 좋은 인간관계를 유지하라는 이야기는 논외로 하자. 이 장에서는 일을 잘한다는 평가를 받는 사람들이 공통적으로 갖고 있는 세 가지 특성을 알아보자.

1. 나에게 주어진 역할과 기대되는 업무의 결과를 정확히 파악한다

보통 30대는 팀에서 중간 정도의 직급으로, 팀장의 지시를 받고 후배들에게 일을 시키기도 한다. 주어진 업무를 정확하게 처리하면서 동시에 지시도 하는 것이다. 후배들을 가르치기도 한다. 팀 업무가 제대로 돌아가게 하기 위해서 가장 중요한 중추적인 역할을 하고 있는 것이다.

이런 중추적 역할을 잘 해내기 위해서는 나뿐만 아니라 다른 사람들의 JD(Job description)라든지 R&R을 정확하게 파악하고 있어야만 한다. R&R을 정확히 파악해야만 중간 위치에서 적절한 업무 배분과 처리를 조율할 수 있기 때문이다.

회사에서도 보통 일 처리가 빠르고 일 잘한다는 평가를 받는 직원들은 어떤 업무가 주어지든 바로 일을 시작하지는 않는다. 그 업무에서 회사가 기대하는 결과를 정확하게 파악하는 일이 먼저다.

상사에게 업무에 대해서 자신이 이해하는 바가 정확한지 여러 번 되묻는다. 주어진 업무를 세분화해서 그중 반드시 자기가 해야 하는 일을 콕콕 집어서 처리하면, 최소한의 시간과 노력으로 같은 성과를 볼 수 있다.

2. 주어진 일의 우선순위를 결정한 다음 일을 시작한다

내일로 미루는 일들은 내일 떨어지는 일들에 또 묻혀버린다. 그러므로 업무들 중 오늘 할 일은 절대 내일로 미루지 않는 것이 중요하다. 오늘 할 일을 내일로 절대 미루지 않기 위해서는, 꼭 오늘 내에 처리해야 하는 일이 무엇인지 정확하게 아는 것이 중요하다. 오늘 할 일을 과다하게 잡을 경우에는 당연히 업무가 많아져서 야근을 할 수밖에 없다. 아니면 일을 남겨둔 채 퇴근해야 한다. 중요한 순서대로 일을 처리해 나가되, 각각의 일은 그 절차를 세분화해서 진행해야 한다.

일이 진행되는 중에 계속 날아오는 다른 부서의 메일은 즉각 회신해 주는 것이 좋다. 완벽한 답변을 회신하는 것이 아니다. 언제까지 회신하겠다는 타임라인을 알려주고, 그들에게 팔로업을 요청해 놓으면 일을 요청하는 사람에게도 이중으로 체크를 받을 수 있다.

성공한 CEO들의 메일 회신 속도는 상상보다 빠르다. NHN 김상헌 대표이사가 인터뷰한 내용에는 "직원들의 메일에 분 단위로 회신해서 업무를 처리한다."는 이야기도 있다.

3. 파악한 업무들을 최대한 효율적으로 처리한다

효율적으로 일하려면, 투자하는 에너지를 최소로 줄이거나 시간을 최소한으로 투입해야 한다. 일 처리에 효율적인 방법은 갈수록 다양해지고 있다. 예를 들어 컴퓨터 내의 파일들을 찾기 쉽게 잘 정리해 두는 것도 좋지만, 파일 정리에 골치가 아프다면 컴퓨터 파일을 검색해 주는 프로그램을 사용하는 것도 한 방법이다. 사소한 이메일들은 이동 중에 휴대폰으로 처리해 버리고, 사무실에서는 정말 중요한 일들만 집중해서 할 수도 있다.

자신의 업무 집중도 흐름을 파악해서 그 시간에 집중적으로 하는 것도 요령이다. 조금 일찍 출근해서 사무실이 붐비기 전에 일에 집중할 수도 있고, 점심시간을 이용해 사무실이 한적한 시간에 집중하는 것도 좋다.

예전 직장에서 싱가포르 본사 직원들은 아홉 시에서 다섯 시까지 근무(하루 여덟 시간)하고 정시에 퇴근하는데, 이들에게는 점심시간이 따로 없었다. 대신 자리 사이사이를 샌드위치 카트가 돌아다니고, 자리에 앉아서 샌드위치를 우적우적 먹으면서 일에 집중했다. 그리고 다섯 시에 정시 퇴근했다.

본사 직원들이 한국에 출장 오면 신기하게 생각하는 것 중에 하나가 '점심을 먹으러 나간 다음 제시간에 들어오지 않는 것'이라고 했다. 하루에 일하는 시간은 여덟 시간인데 점심시간으로 한 시간 이상(식사시간+커피타임)을 써버리고는 남아서 야근을 하는 모습이 이상하게 보인 것이다.

회사는 일하라고 우리에게 월급을 주는 것이니 그 월급만큼 혹은 그 이상을 하면 된다. 일을 잘한다는 평가를 받기 위해서는, 주어진 업무를 정확하고 효율적으로 처리해서 기대되는 결과물을 만들어내야 한다. 위의 세 가지만 확실하게 익혀서 자신의 노하우로 발전시킬 수 있다면 실제 업무 효율은 올라갈 수밖에 없다. 회사에서 사용하는 시간과 에너지를 효율적으로 배분하자. 평일에는 저녁 '있는' 삶을 되찾을 수 있고, 주말에는 회사 일을 잊어버릴 수 있다.

Work hard, play hard!!

04. 내 것은 내가 챙기자

한동안 '착한 이기주의'라는 키워드가 미국과 유럽 등에서 화제가 됐었다. 이기심(利己心)의 사전적 의미는 '자기 자신의 이익만을 꾀하는 마음'이다. 이기주의는 자기 자신의 이익만을 생각하고 다른 사람에게 자신의 행동이 미칠 영향을 신경 쓰지 않는 것이라고 할 수 있다. 그렇다면 착한 이기주의 (Good selfishness)는, 다른 사람에게 나의 행동이 미칠 영향을 생각하고 '피해를 주지 않는 범위 안에서 자기 자신의 이익을 꾀하는 것' 정도로 풀이할 수 있을 것이다.

인생에서, 직장과 가정 사이에서 균형을 잡기 위해서는 이기적이 되어야 한다. 여기서 '이기적'이라는 말은 부정적인 의미가 아니다. 내 생활을 내가 이끌기 위한 최소한의 권리를 행사하는 '착한' 이기심을 일컫는다. 내가 제일 중요하다, 내 일이 제일 우선이라는 것을 여기서는 'me-first'라고 부르기로 하자.

직장에서의 밸런스를 잘 잡기 위해서는 업무에 있어서 me-first가 되어야 한다. 내 일이 무엇인지 정확하게 알아서 업무를 시간 내에 실수 없이 잘 해내야 한다. 이 조직에서 나에게 기대하는 것을 정확하게 파악해서 그 일을 철저하게 해내는 것이 우선이다. 동료들과의 관계나 그들의 업무에 내 시간을 할애하는 것보다 우선 내 일을 잘 수행해야 한다. 내 일과 다른 사람의 일을 구분할 줄 알아야 한다.

한 직장에서 수년간 일을 해온 경우 '내가 이 일을 한 지가 얼만데 내 일, 남에 일을 구분 못하겠어'라고 생각하겠지만, 그렇지 않은 경우가 많다. 업무에 익숙해졌기 때문에 내 일, 남의 일을 가리지 않고 다 처리하고 있었을 수가 있다. 그리고 내 업무를 다 마치고 나의 역할을 충실히 수행해 냈다면, 생활의 밸런스를 잡기 위해 선을 분명히 그을 필요가 있다. me-first로 내 일을 우선 다 해낸 다음에 동료의 일을 도와주는 것은 '내 시간과 노력을 희생하는 것'이라는 사실을 나와 상대방 모두 분명히 알고 도와줘야 한다.

가정에서도 밸런스를 잘 잡기 위해서는 이기적인 사람이 되어야 한다. 내가 남편이자 아빠이기 때문에, 내가 아내이자 엄마이기 때문에 마냥 배우자와 자식들을 위해서 양보만 하는 삶을 살 수는 없다. 집에서 우리는 가정이라는 공동체이지만, 분명한 것은 그 안에서 우리는 모두 각각의 개인이라는 것이다. 구성원 한 명의 일방적인 희생으로 다른 가족 구성원들의 생활이 유지된다면, 그런 밸런스는 오래 갈 수 없다. 그렇기 때문에 가정에서도 me-first로 자기 것은 스스로 잘 챙기는 이기적인 사람이 되어야 한다.

이때 '이기적인' 사람이란, 집에서 자기 마음대로 행동해서 배우자의 기분을 상하게 하는 나쁜 이기주의가 아니다. 가정에서 나의 역할, 배우자와 자식들이 나에게 기대하는 역할을 명확하게 정리한 다음, 그 일을 확실하게 다해 주는 것이다. 그 일을 다 해냈다면 그때는 내 시간, 내 공간을 확보해서 방해받지 않고 내가 하고 싶은 일을 즐길 수 있는 권리를 요구하는 것이 착한 이기주의다. 만약 다른 가족의 일을 도와줘야 하는 경우가 생긴다면, 그것은 가족이기 때문에 무조건 도와주는 것이 아니라, 내가 쉴 시간을 희생해서 상대방을 도와주고 있다는 것을 상호간에 분명히 해야 한다.

그러면 어떻게 해야 me-first로 나를 제일 먼저 챙길 수 있을지 다음의 방법을 따라보자.

1. 해야 할 일 중에서 가장 중요한 것 파악하기

직장과 가정에서 해야 할 일을 정리해 보면 A4 종이 몇 장은 그냥 채울 수 있을 것이다. 하지만 모두 다 할 수도 없고, 모두 다 할 필요도 없다. 그중 가장 중요한 것을 선별해 낼 노력을 쏟을 필요가 있다. '건강을 위해서 헬스장 가기', '아이들과 놀아주기', '보고서 완료하기', '미팅 결과 팔로업 하기' 등 셀 수 없이 많은 할 일들이 있다. 하지만 그중에 가장 소중한 것을 골라내야만 한다. 채워 놓은 리스트의 앞에 중요한 순서대로 A · B · C 등급을 붙이고, 급한 순서대로 1 · 2 · 3이라고 순위를 매기는 것만으로도 순서를 정하는 데 도움이 된다.

2. 내 일 챙기는 과정을 다른 사람들과 함께하기

나에게 중요한 일들을 해내는 과정에 굳이 다른 사람들을 배제하고 혼자서 할 필요는 없다. 나에게 중요한 일이 무엇인지 파악했다면, 그 일을 하는 데 다른 사람들을 개입시킬 수 있는지 알아보는 것도 중요하다.

예를 들면, 기분 전환과 운동을 위해서 점심시간에 산책을 하기로 결정했다고 하자. 홀연히 점심 때 사라져버린다면 당신과 업무적이건 사적이건 대화가 필요한 사람들과 함께할 수 있는 기회를 잃어버리는 것이 된다. 만약 이런 상황을 파악했다면 이들에게 점심시간을 이용해서 함께 산책하자고 제안을 해볼 수도 있다. 서로 윈윈(win-win) 할 수 있는 상황을 만들어내어 서로에게 중요한 것을 한 번에 처리할 수도 있다.

3. 생산성이 가장 높은 시간을 찾아내서 사수하기

누구나 하루 중에 생산성이 가장 높은 시간대가 있다. 다른 동료들이 출근하기 전의 조용한 시간이 될 수도 있고, 점심 때 다들 식사하러 자리를 비운 시간이 될 수도 있다. 아니면 퇴근 후 사무실에 아무도 없는 시간이 될 수도 있다. 그 시간은 어떤 수를 써서라도 지켜내야 한다. 다른 시간에 두 배의 노력을 들여야 할 수 있는 일을 그 시간에는 더 짧은 시간에 처리할 수 있기 때문이다.

나는 점심 때 사무실이 한산해지는 시간에 집중도가 가장 높았다. 이 시간에는 LAN 선을 뽑고, 휴대폰은 비행기 모드로 전환했다. 그리고 빗소리 앱으로 화이트 노이즈를 만들어서 중요한 일에 집중했다. 자신이 집중할 수 있는 시간만 제대로 지켜내도 나만의 생산성을 지금보다 더 끌어올릴 수 있다.

4. 기존 생활에서 빈틈 찾기

사람들은 습관에 따라 살아간다. 2012년 베스트셀러『습관의 힘』의

저자 찰스 두히그는 "사람은 두뇌의 부하를 줄이기 위해서 행동의 약 40%는 하던 대로, 즉 습관대로 행동한다."고 했다. 그래서 의식 못하고 습관대로 살아가는 기존의 내 생활을 다시 한 번 돌아볼 필요가 있다. 회사에서 물 마시러 갔다가 동료를 만나면 멈춰 서서 오랫동안 이야기를 나눈다든지, 점심식사 후 들어오는 길에 꼭 커피를 사 먹으러 어딘가에 들렀다가 돌아온다든지 하는 것들 말이다.

기존에 내가 해왔던 반복적인 습관 중 더 이상 나에게 의미가 없는 일이 있는지 살펴보자. 쓸데없는 데 시간을 쓰고 있는 것을 발견하면 그 습관을 고쳐서 나의 시간을 확보해야 한다.

직장 동료와의 유대가 중요하기 때문에 사무실에서의 대화는 꼭 필요하다고 생각할 수도 있다. 그렇다면 어쩔 수 없이 내가 해야 하는 그날의 일을 다 하기 위해서 대화에 쓴 시간만큼 퇴근을 미루는 수밖에 없다. 20분을 수다 떨었다면 20분 더 늦게 퇴근하는 수밖에 없다는 의미이다. 결국 당신의 선택이다.

착한 이기주의로 행동하는 사람들은 직장과 가정에서 행복한 경우가 더 많다. 더 행복하고 일도 더 잘한다. 자신이 무엇을 해야 하는지 정확하게 알고 있고, 그 일을 완수해 내고자 정확한 곳에 노력을 기울이기 때문이다. 그리고 다른 사람의 일을 도와줄 때도 그것이 내가 그의 일을 해주는 것이 아니라 '도움'을 준다는 것을 인지하고 있기 때문이다. 직장에서 맡은 일에 대한 수행력도 우수하고 만족도도 높다. 결과적으로 이 'me-first 착한 이기주의'를 실행하는 사람들이 직장에서 더 인정을 받아 승진도 잘 하고, 가정에도 더 많은 시간을 쏟을 수 있어서 행복하게 생활하더라는 것이다.

위의 방법대로 지금 나의 직장생활과 가정생활을 돌아보자. 마냥 착하게만 지내서는 나 자신의 행복을 계속 포기하고 미루면서 살아야 할 수도 있다. 세상에서 가장 소중한 사람은 나 자신이다. 내가 제일 우선이고, 내가 행복해야 주변 사람들도 행복할 수 있다.

05. 연봉을 올릴까, 시급을 올릴까?

헬렌켈러재단 설립 프로젝트를 준비하면서
헬렌 켈러는 의견을 제시했다.
"이 프로젝트는 여기서 제일 바쁜 분에게 부탁하겠어요.
바쁜 분이 일을 더 잘 처리하시거든요."

높은 연봉을 희망하는가? 직장인들은 당연히 높은 연봉을 희망한다. 돈을 많이 벌어서 행복해지기 위해서일 것이다. 하지만 세상은 Give and take이다. 받는 것과 상응하는, 혹은 그 이상을 조직에 돌려줘야 한다.

이 장에서는 높은 연봉을 위해서 희생해야만 하는 것들이 결국 당신을 행복하지 않게 만들 수 있다는 이야기를 하려 한다. 연봉에 대한 다양한 조사들과 함께 간단한 계산을 살펴보자.

연봉이 높아질수록 행복하다고 생각하는가? 미국의 포틀랜트 대학의 로버트 B. 다니엘 교수는 연봉이 올라갈수록 행복해지기는 하지만 그 정도가 사람들의 기대보다 적고, 연봉이 올라가도 행복의 증가 정도는 점차 줄어든다는 것을 밝혀냈다. 예를 들어서 1천만 원에서 2천만 원으로 연봉이 오르면 행복감은 급격히 증가하지만, 연봉이 1억이던 사람은 1억 1천만 원이 된다고 해도 행복감이 크게 증가하지는 않는다는 말이다.

2014년 영국의 「Wellbeing and Policy」라는 보고서에서도 연봉과 생활만족도와의 상관관계가 이와 유사하게 나타난다. 연봉 1만2천 파운드인 사람이 연봉 6천 파운드인 사람보다 배로 행복도를 느끼는 것은 아니다.

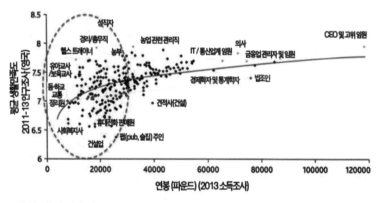

그림 20. Life Satisfaction by Occupation for Mid-Career Age Groups

오히려 높은 연봉으로 더 불행해질 수도 있다. 회사에서는 당연히 연봉으로 지급하는 그 이상의 성과를 직원들에게 기대하기 때문이다.

만약 5천만 원이던 직원의 연봉이 8천만 원으로 올랐다면, 회사는 그 직원이 예전에 해오던 방식대로(5천만 원짜리 방식대로) 일을 하도록 가만둘 리가 없다. 그 직원이 만들어내던 성과 3~5억 정도를 5~10억 이상으로 만들어낼 것을 요구할 것이다. 하지만 그동안의 업무 형태를 갑자기 바꾸기는 어렵기 때문에 그는 해왔던 방식을 어느 정도 유지할 것이고, 그러면 회사에서 기대하는 성과를 내놓기는 어려워진다.

그는 성과와 시간에 대한 압박으로 스트레스가 커지고, 가족이나 배우자에게 시간을 더 쓸 수 없게 된다. 그는 연봉이 올라감으로써 가족과 좀 더 여유 있고 행복하게 지낼 것을 기대했겠지만, 결국 일하는 목적(가족과의 여유 있는 생활)을 계속 희생해야만 하는 상황에 빠지는 것이다. 행복하기 위해서 일하지만, 결과적으로는 행복에서 점점 멀어지는 아이러니이다.

회사에서 직원 한 명에 대해 높은 생산성을 기대하는 이유는 간단한 산수로 설명된다. 회사 매출이 높고 직원들의 급여가 높은 큰 회사들의 경우, 직원 한 명에 투자되는 경비는 영업경비와 교육비용, 급여와 복리후생을 다 합하면 연봉의 5~7배 정도에 이른다. 그러므로 회사에서는 해당 직원에게 투자되는 경비의 5~10배의 매출을 기대한다. 그래야만 회사를 운영하는 제반 비용을 충당하고, 회사의 성장을 지속적으로 이끌어낼 R&D에까지 투자할 수 있기 때문이다.

혹시 높은 연봉과 직책을 유지하기 위해서 저 정도의 희생은 당연히 감수해야 한다고 생각하는가? 성공에는 상응하는 대가가 따른다고 생각하겠지만, 사실 어떤 사회적인 성공도 사적인 불행을 보상해 줄 수는 없다. 사회적인 성공을 향해서 점점 개인적인 행복을 포기하면, 일하는 목적과는 반대로 점점 불행해지는 개인사의 실패를 맛보게 될 수 있다.

집에서 배우자와 생활에 대해서 대화할 시간을 포기하고, 아이들이 자라나는 모습을 볼 시간을 잃게 된다. 친구들과 우정을 이어갈 시간도 갈수록 부족해진다. 회사에서 업무상 유지되는 인간관계 외에는 점점 고립되기 시작할 것이다. 우리는 이런 상황에 있는 사람들을 회사에서 쉽게 찾을 수 있다.

그렇다면 우리는 행복을 위해서 연봉을 올리는 것을 포기해야 하는 것일까? 급여가 높다는 것을 단지 통장에 찍히는 월급의 액수가 많다는 것만으로 생각해서는 안 된다. 그만큼의 돈을 받기 위해서 내가 투자해야 하는 시간, 즉 얼마만큼의 시간을 투자해서 그 돈을 벌어들이 느지를 봐야 한다. 그렇다면 현 상황에서 연봉을 올릴 수 있는 방법은 없을까?

있다! 시급을 끌어올리면 된다.

연봉을 올린다기보다는 투자하는 시간을 줄여서 효율을 올리는 것이다. 높은 연봉이라는 것이 같은 시간을 일하면서 더 많은 돈을 받거나, 같은 돈을 받으면서 일하는 시간을 더 줄이는 것을 의미한다면, 우리는 지금까지 다들 해온 방식이 아닌 다른 방식을 선택할 수 있다. 바로 연봉을 올리기 위해 더 많이, 더 힘들게 일하기보다는 지금 상황에서 업무의 효율을 극대화해서 시급을 더 끌어올리는 방법이다.

(만 원)	연봉 1억	연봉 6천	연봉 5천	연봉 4천
월급	657	426	359	295
일당(월 20일 근무)	32.9	21.3	18.0	14.8
하루 열 시간 근무한 시급	3.3	**2.1**	1.8	1.5
하루 여덟 시간 근무한 시급	4.1	2.7	**2.2**	1.8

표 4. 2015년 연봉 실수령액을 시급으로 계산한 표

2015년 연봉 실수령액표에 따르면, 연봉 1억인 직장인의 경우 세후 실수령 월급은 675만 원 정도이다. 연봉 5천만 원인 직장인의 월 실수령액이 359만 원이다. 월급이 두 배 가까이 차이 나는 것만 부러

워하고 그 이면에 숨겨진 업무 강도, 시간, 스트레스, 건강에 미치는 영향 등을 무시해서는 안 된다. 예를 들어 하루 여덟 시간 일하는 연봉 5천만 원 직장인에게 연봉 1억 원을 줄 테니 열여섯 시간 일하라고 하면 그는 버틸 수가 없을 것이다. 그리고 연봉이 5천만 원에서 1억 원이 되었다고 해서 그가 두 배로 행복해진다는 보장도 없다. 열여섯 시간씩 일하라고 하면 5천만 원을 받고 여섯 시에 퇴근하겠다고 할 것이다.

연봉 1억 원과 5천만 원의 비교가 극단적일 수도 있다. 그렇다면 연봉 4천, 5천, 6천만 원의 구간을 비교해 보자. 회사와 직책에 따라 할당 업무가 많을 수도 있고 적을 수도 있다. 하지만 회사에서 집중적으로 일을 하고 여섯 시에 퇴근할 수 있다면 열 시간 일하는 사람보다 시급은 높아진다. 열 시간 근무하는 연봉 6천만 원인 직장인보다 여덟 시간 근무하는 연봉 5천만 원인 직장인의 시급이 더 높다. 이것이 바로 우리가 업무 효율을 극대화하여 현 상황에서 시급을 끌어올려야 하는 이유이다.

회사의 문화와 분위기에 따라, 자기 일을 다 마쳤지만 퇴근을 못하는 상황이 있을 수도 있고, 윗사람들의 업무가 부하직원들에게 후두둑 떨어지는 회사가 있을 수도 있다. 하지만 '시급을 올린다'는 개념이 있다면 당신은 업무의 효율성을 올리기 위해서 보다 많은 노력을 하게 될 것이다.

회사에서의 효율이 올라가면 직장에서의 밸런스를 찾을 가능성이 커진다. 직장에서 균형 감각을 찾으면 집에서도 밸런스 있게 잘 해낼 수 있다.

06. 회사는 전쟁터지만 사회는 지옥이다?

많은 직장인들이 〈미생〉에 나오는 '회사 밖이 지옥'이라는 말에 공감했다고 한다. 회사생활이 아무리 힘들어도 회사의 보호가 없는 생활은 더 힘드니 이를 악물고 버티라고 이야기한다. 근데 나와서 보니까 회사 밖은 지옥이 아니라 또 다른 전쟁터였다. 퇴사했거나 회사를 안 다니고 있는 사람들이 모두 지옥에 떨어진 죄 많은 영혼들은 아니기 때문이다.

삶이 커다란 전쟁이고 직장은 하나의 전투, 그리고 가정은 그 전투에서 지친 몸을 쉬는 휴식터 정도로 보는 것이 어떨까? 정년퇴직이 없는 시대에 우리는 결국 조금 빠르게 회사를 그만두게 될 텐데,

스스로를 지옥에 떨어질 '예비' 죄 많은 영혼으로 취급하는 것은 너무 서글픈 일이다.

인생이라는 커다란 전쟁에서 수많은 크고 작은 전투들이 벌어지지만, 전투 한두 번에서 이기고 진다고 그 전쟁의 승패가 갈리는 것은 아니다. 어차피 전쟁은 어떻게 잘 이기는 것이 중요하기 때문에 우리 쪽의 피해를 줄여 나가는 것이 더 중요하다. 피해라고 볼 수 있는 것들이 직장생활에서는 업무 스트레스와 성과 스트레스, 건강을 해치는 것, 상사 혹은 동료와의 갈등, 인사고과 스트레스 등이 될 수 있다.

어차피 이제는 평생 직장과 정년의 개념이 없다. 그렇기 때문에 지금 우리가 회사라는 조직생활을 할 수 있는 기간은 길어야 30년이다. 30년이 지나기 전에 자기 사업을 한다거나 CEO가 되지 않는 이상 조직에서 빠져나오는 것은 피할 수가 없다. 지옥으로 가는 것이 아니라, 또 다른 전투가 시작되는 것이다.

퇴사 후 다른 직장에 출근하기 전까지의 시기는, 정신없이 달리기만 해오던 내가 잠깐 쉬면서 스스로와 주변을 살펴볼 수 있는 의미 있는 시간이다. 나는 지금까지의 직장생활을 내 인생이라는 관점에서 방향과 속도를 다시 한 번 살펴보는 기회로 쓰고 있다. 회사를 옮기는 최고의 케이스는, 직장을 다니는 중에 이직할 다른 회사를 알아

봐 놓고 휴식 시간을 가진 다음 이직을 하는 것이다. 하지만 이렇게까지 타이밍을 딱딱 맞추려는 것은 욕심에 가깝다.

인생은 속도가 아니라 방향이라는 말이 있다. 엉뚱한 곳으로 앞만 보고 달려봤자 도달하는 곳은 엉뚱한 곳이다. 열심히 일만 하다가 스트레스로 몸과 마음이 다치면 병원이라는 엉뚱한 곳에 도착하게 된다. 나는 회사를 그만두고 쉬는 동안 내 건강 상태와 내 가족들을 돌보고 있다. 입사하기 전에 건강했던 입사 건강검진의 수치들이 작년 말에는 죄다 위험 직전에 걸려 있었다.

선배들은 그런 검사 결과를 보고서도 "이런 게 회사생활이지." 하면서 맥주잔을 들이켰다. 한 칸, 두 칸 늘린 자국이 있는 벨트를 가리키면서 "이제 더 늘릴 데가 없어서 주말에 벨트를 새로 사야 해."라며 삼겹살에 소주를 마셨다. 아이들이 쑥쑥 자라서 벌써 아빠한테 똥 하다고 툴툴거리면서 집으로 일찍 퇴근하는 것을 불편해 했다. 그러면서 나에게는 아이들이 가장 예쁠 때니까 지금 시기를 즐기라고 했다. 나는 이런 모순되는 생활을 잠시 접고 다시 밸런스를 잡아보려고 하고 있다.

이제는 어차피 직장생활에 평생이란 단어를 붙일 수 없게 되었다. 직장생활을 하는 동안 내 역할을 다하여 성취하고 조직에 도움이 되어야 하는 것이지만, 그 생활을 평생 할 것은 아니다. 80년을 살고 그

중 직장생활을 30년 한다고 가정해도, 우리가 회사에서 보내는 시간은 평생의 15%에 불과하다. 나머지 85%는 우리의 가족과 친구 등 소중한 사람들과 함께하는 시간이다. 15%의 시간 때문에 85%의 시간이 희생돼서는 안 된다. 회사 밖이 지옥이고 전쟁터라면 우리가 돌아가 쉴 곳만은 지켜야 한다.

아이를 갖기 힘든 이유가 스트레스 말고는 딱히 없지만 회사를 못 그만두는 사람들, 직장에서의 성공을 향해서 달리다가 부부관계가 안 좋아지고 그래서 갈라서는 사람들…. 회사라는 전쟁터에서 살아남기 위해서 아등바등하는 바람에 우리가 나중에 돌아가서 쉴 가정마저 제대로 못 챙기는 안타까운 일이 생긴다면, 그에게는 진짜 회사 밖은 지옥이 될 수도 있겠다.

하지만 내게 회사 밖은 그저 또 다른 치열한 전쟁터이고 아이들과 보내는 시간은 전투를 쉬면서 즐기는 꿀맛 같은 휴식이며 재충전의 시간이다. 이력서를 업데이트 하는 시간은, 지난 7년의 직장생활을 돌아보면서 앞으로 10년의 계획을 세워볼 수 있는 진지한 성찰의 시간이었다. 줄어드는 허리 사이즈와 아직 검사는 못해 봤지만 건강검진의 각종 수치들도 제자리를 찾아가고 있을 것이다. 그동안 모니터의 엑셀 파일을 들여다보느라 깊게 잡힌 미간의 주름은 이미 필러가 아니면 지우기 힘들어 보이지만 말이다.

07. 후회를 적게 하는 체크리스트

"내가 여기 말고 다닐 회사가 있으면 당장 사표 쓴다!"

이렇게 투덜대는 사람을 본 적이 있는가? 그리고 그런 사람들 중에 정말 사표 내고 다른 회사로 가는 사람을 본 적이 있는가? 보통 이직하는 사람들은 조용히 알아보고, 조용히 정리하고, 조용히 회사를 옮긴다. 투덜대기만 하는 사람들은 다른 회사를 알아보지도 않고 불평불만만 하면서 그냥 회사에 다니고 있는 것이다.

우리는 달라야 한다. 나의 스트레스 근원을 찾아냈다면 이성적으로 잘 판단해서 그 원인을 제거해야 한다. 하지만 그 원인이 직장이라고 해서 무작정 사표를 던질 수는 없다. 그것은 무모하다.

이번 장에서는 어떤 결정을 하건 그 결정이 맞는지 점검해 볼 수 있는 체크리스트 작성법을 알아보자.

다양한 각도로 나의 스트레스 근원을 고민해 보았고, 그 근원이 직장이라는 결론을 얻었다면 이제는 결단을 내려야 한다. 직장의 환경을 바꾸거나, 직장을 대하는 나의 자세를 바꾸거나, 아니면 직장을 떠나거나! 우리에겐 이 세 가지의 선택지가 있다.

하지만 첫 번째 선택지의 경우, 앞서 말했던 것처럼 직장의 어떤 부분이 스트레스의 원인이든 그 원인은 내가 바꿀 수 있는 영역이 아니다. 내가 그나마 영향을 줄 수 있는 영역은 '나'와 그 주변까지이다. 그나마도 변화시킬 수 있을지 확실하지 않다. 나의 태도나 능력치를 바꾸는 것이 내가 할 수 있는 최선이다. 다른 사람의 행동이나 조직의 시스템 등은 바꾸기가 굉장히 어렵다.

그러므로 직장생활이 내 스트레스의 80%를 차지하는 경우라면 다음 둘 중 하나를 선택해야 한다. 직장을 떠나거나, 내 자세를 바꿔서 버티거나. 하지만 지금까지 바꾸지 못한 내 자세를 갑자기 바꿔서 회사의 스트레스 요인들을 잘 이겨낼 수 있을지는 또한 의문이다. 지금까지 안 바뀌었기 때문에 갑자기 바꿀 수 있을 리도 만무하다.

그렇다면 마지막으로 남은 '이직'이라는 옵션을 다른 사람들은 잘 사용하고 있을까?

한국고용정보원에 따르면, 직장인들의 평균 이직 횟수는 직장생활 기간을 통틀어 평균 4.2회라고 한다. 그러나 이런 이직을 스스로 성공적이었다고 평가하는 비율은 고작 36%에 불과하다고 한다. 세 명이 회사를 옮길 때 한 명만이 옮긴 회사에 만족하고 있다는 이야기이다. 나머지 두 명은 왜 이직에 실패했다고 생각했을까?

두 가지 큰 이유가 있을 수 있겠다.

첫째는 스스로를 너무 과대평가한 경우이다. 내가 그만한 연봉을 받을 능력이 없는 사람이었다거나, 그만큼 큰 프로젝트를 맡을 수 있는 능력이 안 되는 사람이었는데, 이직을 하고 난 다음에야 그 사실을 알게 된 것이다. 이전 직장에서의 스트레스는 회사 자체의 문제라기보다 나의 능력 부족으로 인한 것이 더 컸을 것이다. 이 사람은 옮긴 회사에서만큼은 자신의 능력을 계발하기 위해 애써야만 할 것이다.

둘째는 회사를 과소평가한 경우이다. 회사는 기본적으로 이윤을 추구하기 때문에 직원 한 명에게 기대하는 최소한의 효율성, 생산성이 있다. 하지만 회사를 과소평가하는 경우에는 '이 정도만 일해도 괜찮겠지', '이렇게 해도 잘 모르겠지'라는 생각을 품을 수 있다. 이 경우는 회사에서 일하는 최소의 생산성과 자신이 하고 있는 퍼포먼스를 객관적으로 비교해 보고 조율해야만 한다.

이직을 실패하는 두 가지 경우를 살펴봤으니, 이제 체크리스트를 통해서 이직에 성공하는 세 명 중 한 명이 되도록 해보자.

당신이 이직을 결심하기까지는 스트레스라는 감정적인 요인이 큰 역할을 했겠지만, 이직은 철저히 현실적인 결정이기 때문에 지금부터는 감정적인 요인을 배제하는 작업을 해야 한다.

이직을 하려고 하는 이유를 열다섯 가지 이상 기술해 보자. 막상 열다섯 가지씩이나 적어보려고 하면 생각보다 쉽지 않다. 이직을 결심한 이유가 감정적인 경우에는 더 그렇다. 최대한 많은 이직 이유를 적은 다음에 그중에서 감정적인 이유가 절반을 넘는지 확인하자. 감정적인 이유를 배제한 객관적인 이유를 세 가지로 추려서, 그 세 가지를 충족시켜주는 회사를 찾는 것이 첫 번째로 할 일이다. 따라서 이 이유를 최대한 구체적으로 확인해야 한다.

사표를 내려고 하는 이유에 따라서 이직·구직을 하는 자세도 많이 달라진다. 사표를 내려고 하는 경우를 다음과 같이 구분해 보자.

1. 내가 지나치게 소모되고 있다는 판단에 그만두는 경우

이런 경우에는 다음 회사를 급하게 찾을 필요가 없다. 다만 회사는 빨리 그만둬야 한다. 내 몸이 축나고 있다면 1개월 동안 망가진 몸을 2개월을 투자하여 회복해야 할지도 모르기 때문이다.

　회사를 다니면서는 이 회사를 '어서 나가야지'라는 생각을 하다가 회사를 나가자마자 '다른 회사에 빨리 들어가야 하는데'라고 조급증을 내면 다음 회사에 대한 올바른 선택이 어렵다. 무엇보다 이 경우에는 내가 얼마나 회복되었는가가 중요한데, 스스로 번아웃(burn out)에서 벗어날 시간도 주지 않는다면 다음 회사에서도 에너지 넘치는 파이팅을 보이기는 어렵다.

2. 나의 처우, 나의 미래 등에 불만족하여 그만두는 경우

　이런 경우에는 기존 회사를 다니는 중에 구직을 하는 것이 최선이다. 연봉 협상, 처우 개선을 요청할 때는 '지금 근무 중'이라는 칼자루를 절대 먼저 놓아서는 안 된다. 다만 기존 회사를 다니면서 다른 회사의 구직활동을 하는 것은 현재 맡고 있는 업무의 완성도를 떨어뜨릴 위험이 크다. 이직하는 경우 피해갈 수 없는 것이 전 직장에서의 '평판조회(reference check)'이다.

　이전 회사의 경우, 회사를 그만두겠다는 사람을 붙잡을 수는 없지만, 그 사람의 앞길을 막아버릴 수 있는 큰 무기라고 할 수 있는 것이 바로 이 평판조회이다. 회사를 다니면서 구직을 하고 있다고 해도 지금 하고 있는 업무의 완성도에 영향을 주어서는 안 된다. 오히려 더 열심히 해서 평판을 조금이라도 끌어올려야 한다. 끌어올린 평판은 연봉 협상 등에 큰 플러스가 될 것이다.

마지막으로 퇴직, 이직을 결심하고 실천하고자 할 때 명심해야 할 것이 있다. 바로 '초록 잔디밭 효과'이다. 공원에 놀러가서 돗자리를 깔려고 발 밑을 보니 잔디가 엉성하고 흙이 다 보이는 게 자리를 깔아도 푹신할 것 같지 않다. 저편을 봤더니 잔디가 빽빽한 게 그쪽에 자리를 깔면 편하고 좋을 것 같아서 짐을 챙겨 들고 이동한다. 그러나 막상 그곳에 가보면 아까와 별반 다를 게 없는 '반 잔디 반 흙' 바닥이다. '남의 떡이 더 커보인다'는 속담과 비슷한 현상이다.

'초록 잔디밭 효과'처럼 다른 회사에 가거나 좀 휴식시간을 갖는다고 해서 갑자기 엄청나게 행복해지는 일은 절대 없다. 나의 생활이 아닌 다른 생활을 부러워한다는 것은 그 생활을 잘 모르기 때문이다. 그렇기 때문에 직장, 직위, 연봉 등의 많은 조건 중 하나가 바뀌었다고 해서 '행복감이 갑자기 상승하는 일'은 없다.

다만 내가 원하는 것이 무엇인지 확실하게 알고 그만두거나 이직한다면, 그 충족된 사항에 대해서는 높은 만족감을 얻을 수 있을 것이다. 그러므로 이직에 대한 이유를 분명하게 하는 것이 무엇보다 중요하다. 환상은 깨고 현실을 알고 난 다음 '질러야' 한다는 말이다.

완벽한 직장이란 없다. 내가 이직을 하려고 하는 이유가 충족이 된다면, 다른 요소는 예전 회사보다 못해질 가능성도 있다는 것을 염두에 두어야 한다. 업무가 많아 너무 지쳤던 것이 주요 이유라면 다음 직장에서 업무는 줄어들지만 연봉도 같이 줄어들 수 있다. 혹은 회사 환경이 너무 안 좋아서 복리후생이 좋은 회사로 이직을 했지만, 그 회사에서는 업무가 너무 많아서 그런 복지를 다 누릴 여유가 없을 수도 있다.

세 명 중에 한 명만 성공한다는 이직. 아무리 하고 싶은 대로 하고, 나가도 할 것이 많다고는 하지만, 앞뒤를 꼼꼼히 따져봐야 한다. 자신이 어떤 이유에서 사표를 던지려고 하는지를 명확하게 알아야만 한다. 또 하나, 이직을 해도 행복감이 올라갈 가능성이 적다는 것을 잘 알고 실행에 옮겨야 한다. 명확한 이유에 따른 행동만이 후회를 최소화할 수 있다.

한 가지 확실한 것은, 더 행복한 나를 위해 살고 싶다고 마음먹었다면 모험을 해볼 가치는 충분하다는 점이다.

만약 이직을 결심한다면, 많은 검색을 통해서 현실적인 상황과 나의 강점 등을 분석하는 일부터 시작해 보자.

08. 쉬는 시간을 잘 보내는 법

만약에 당신이 회사를 그만두기로 결정했다면, 둘 중 하나의 경우로 업무를 재개할 것이다. 얼마간의 시간을 가지고 한동안 푹 쉬면서 다음 직장을 알아보는 경우와 다음 직장으로 바로 출근하는 경우. 이 장에서는 얼마간의 시간을 갖게 되는 경우, 그 시간을 어떻게 활용하여 잘 쉴 것인지에 대해서 알아보자.

직장을 그만둘 거라면서 이를 뽀득뽀득 가는 직장인들이 퇴사 후에 하고 싶어 하는 일들은 대략 다음과 같다.

• 회사를 그만두고 해외여행을 다녀오고 싶다.

- 운동을 시작해서 살을 빼고 건강을 관리하겠다.
- 영어 때문에 스트레스를 너무 많이 받았다. 영어 공부를 하겠다.
- 적극적으로 아무것도 하지 않겠다.
- 늦게까지 놀다가 아침에 늦게 일어나겠다.

저마다 다른 다양한 일들을 하고 싶어 하겠지만, 회사를 그만둔 다음 그냥 하고 싶었던 일들로 시간을 낭비하면 결국 후회하게 된다. 쉬는 기간 동안에 직장생활과 가정생활의 밸런스를 재정비해야 하는데, 그 소중한 기회를 잠자고 놀면서 잃어버릴 수는 없다.

그래서 아래와 같이 직장생활을 쉬는 동안 당신이 해야 하는 일들을 치밀하게 짜는 과정이 반드시 필요하다.

What	for Who	Time	Cost	Priority
바리스타 취득 2급자격증을 속성으로 취득	나	2개월	40만 원(시험 등)	1
취업 이력서, 면접등을 준비	나, 가족	4개월	20만 원(도서 구매 등)	2
책쓰기 원고 경험을 정리하여 출판사에 제안	나	3개월	30만 원(커피숍 이용비용)	3
체중감량 10kg 건강관리를 위해서 PT를 등록하여 건강한 생활	나	3개월	200만 원(PT 및 등록)	4
Total			290만 원	

표 5. 간략하게 정리해 본 하고 싶은 일의 우선순위와 비용들

1. 지금 당장 하고 싶은 일들을 모두 다 적어보자

A4용지를 절반으로 접어서 꼼꼼하게 적어 나가자. 단어나 단답식이 아니라 문장으로 정확하게 적어야 한다. 예를 들어서 '다이어트'라는 단어가 아니라 '집 근처 헬스장을 등록해서 살을 5kg 뺀다'라는 식으로 구체적으로 적는 것이다. 이렇게 적다 보면 단순히 '다이어트'로밖에 적을 수 없던 것을 '야근할 때 먹던 야식을 끊고 식이요법을 통해서 살을 뺀다' 는 식으로 더 자세하게 적을 수 있다.

2. 3색 형광펜을 준비하여 각 항목에 표시해서 구분한다

빨간색: '나'에 관련된 것

파란색: '가정'에 관련된 것

노란색: '직장'에 관련된 것

이렇게 색깔로 표시해 보면 내가 하고 싶은 일이 어디에 쏠려 있는지 쉽게 확인할 수 있다. 내가 생각하기에 내가 '가정'에 많이 소홀했던 것 같은데, '나'에 관련된 하고 싶은 일들이 더 많다면 의식적으로 '가정'에 대한 할 일을 더 늘릴 필요가 있다. 현재의 쉬는 기간은 그동안 무너진 밸런스를 바로 잡을 수 있는 절호의 기회이며 소중한 시간이다. 마냥 내 욕심대로만 하기에는 아까운 시간이다.

3. 각각의 항목을 완료하는 데 걸리는 시간과 비용을 책정한다

이 부분이 굉장히 중요하다. 이 과정에서 해당 일을 하는 데 걸리는 시간과 비용을 잘못 예상하게 되면, 다음 회사로 출근을 준비하는 동안에 완료를 못 할 수도 있고, 돈이 모자라는 등 이도저도 안 되는 상황이 될 수도 있다.

예를 들어 '나'의 항목에 '바리스타 자격증 따기'라면 학원에 등록해서 시험을 보는 데 걸리는 시간과 비용을 확인해야 한다. '학원에 속성 코스는 1주일, 정규 코스는 1개월이 걸리고, 비용은 30~40만 원이며, 자격증 시험은 필기와 실기를 다 통과해야 한다' 같은 관련된 사실을 정확하고 자세하게 확인하는 것이 중요하다.

4. 시간과 비용을 모두 고려해서 항목의 우선순위를 결정한다

각각의 일은 동시에 진행될 수도 있다는 것을 유념해야 한다. 예를 들어, 다이어트를 다 마친 다음에 바리스타 시험을 치겠다고 하면 하나를 겨우 해내기도 어려울 것이다. 동시에 진행해야 하며, '나', '가정', '직장'을 적절하게 섞어서 진행해야 한다.

5. '영어공부' 같은 추상적인 공부에 시간을 쓰지 말자

대학 졸업 때까지 10수년을 공부해서 지금 그 수준이라면, 회사를 그만두고 투자하는 몇 개월의 시간으로는 밑 빠진 독에 물 붓기가 될 가능성이 굉장히 크다. 그러므로 시간과 비용을 투자해서 기대하는 결과가 나올 수 있는 것을 잘 골라내자. 차라리 영어학원 등록비용으로 여행을 다녀오는 등, 한정된 비용과 시간을 써서 확실하게 달성할 수 있는 것들로 고르자.

직장을 그만두고 나면 돈과 시간, 두 가지 모두에서 압박이 시작된다. 아무리 계획이 치밀한들 경제적 여건이 허락하지 않는다면 실행할 수가 없다. 그러기 위해서는 무엇보다 **지금 갖고 있는 자금에서 지출할 수 있는 돈이 얼마인지 정확하게 아는 것이 가장 중요하다.** 이 돈으로 얼마나 버틸 수 있는지는 쉬는 동안에 내가 하려고 하는 일들의 종류와 수에 따라서 고무줄처럼 늘어나거나 줄어들 수 있다(대부분 줄어들 수 있다).

퇴직금을 받고 실업급여를 받을 수도 있지만, 고정적인 급여가 더 이상 들어오지 않는다는 사실은 꽤나 부담스럽다. 게다가 출근을 하지 않는다고 해서 지출이 급격하게 줄어들지는 않는다. 오히려 지출이 늘어나기도 한다. 회사를 다니면서 썼던 마지막 달 카드 값이 회사를 그만둔 달에 빠져나가고, 어디 학원이라도 한 군데 등록하면 보유 현금은 확확 줄어든다. 그러므로 내가 보유한 사용 가능한 현금을 확실하게 파악하고, 하고자 하는 일들에 적정한 예산을 분배하자.

시간 또한 마찬가지다. 직장을 그만두었으니 '있는 건 시간뿐'이라고 생각하면 큰 오산이다. 쉬는 시간은 길어지면 길어질수록 더 길어질 가능성이 점점 더 커지는 관성의 법칙에 적용을 받는다. 그래서 적당히 쉬는 것이 중요한데, 업계와 경기에 따라 다르지만 보통 헤드헌터들은 3~4개월 내외 정도의 기간을 데드라인으로 본다고 한다.

그러므로 우리는 3개월 동안 충분히 쉬면서, 스스로 적어본 하고 싶은 일들을 해나가는 동시에 구직을 해야 한다. 쉬는 시간을 더 치밀하게 계획해야 하는 이유이다.

그동안 정신없이 일만 하다가 상상으로만 저질렀던 사표 던지기를 한 당신, 축하합니다!

하지만 쉴 때 더 바쁘고 치밀하게 지내지 않으면 어렵게 던진 사표를 정말 던져 '버린' 것밖에 되지 않는다. 그러니 적극적으로 쉬고, 치밀하게 계획을 짜고, 철저하게 실행해 나가자.

.

Part 4

결국 내가 돌아가 쉴 곳, 가정에서
착한 이기주의로 사는 법

01. 가정은 삶의 베이스캠프

> 가정은 고달픈 인생의 안식처이다.
> 모든 싸움이 자취를 감추고 사랑이 싹트는 곳이요,
> 큰 사람이 작아지고 작은 사람이 커지는 곳이다.
> —허버트 G. 웰즈

가정은 인생이라는 등반에서 꼭 필요한 베이스캠프와 같다. 등산, 탐험에서 많이 쓰이는 베이스캠프의 의미는 이렇다.

장거리 등산·탐험을 하는 경우에 전진기지로 사용하며, 물자를 저장해 두는 고정적인 시설·텐트를 의미한다. 이곳을 기지로 하여 본격적인 등반에 들어간다. 베이스캠프는 필요한 각종 시설을 갖추고, 특히 등반 명령에 필요한 연락시설을 갖추며, 등반대원이 휴식도 할 수 있어야 한다.

히말라야 등산을 예로 들면 빙하 4천~5천 미터 부근 지점에 베이스캠프를 설치한다. 산록으로부터 그곳까지 포터가 짐을 나르고, 그

곳부터 위로는 대원과 셰르파(Sherpa)의 활약무대가 된다. 장거리 등산의 경우에는 그 위쪽에 전진기지를 설치하여, 그곳에서 물자를 중계하여 더욱더 전진캠프를 진전시켜서 등반에 나서는 경우도 있다.

매일 아침 우리가 눈을 뜨는 곳은 가정이다. 회사에서 힘든 프로젝트를 맡아 하루 종일 힘들게 버티다가 맘 편하게 심호흡을 하는 곳이 가정이다. 매일매일 가정이라는 베이스캠프를 떠나서 회사라는 등반을 마치고 다시 가정으로 돌아온다. 우리 삶이 낮은 산을 한 번 오르고 마는 짧은 여정이 아니라서, 이 베이스캠프의 중요성은 더 클 수밖에 없다.

만약 당신이 어떠한 불화로 인해 행복하지 않은 결혼생활을 하고 있다면, 당신은 행복한 결혼생활을 하는 사람들보다 아플 확률이 약 35% 더 높고, 수명이 평균 4년 더 짧다. 지난 35년간 약 3천 쌍 이상의 커플들을 대상으로 연구하고 상담한, 부부 치료의 세계적인 권위자 가트만 박사가 발견한 사실이다. 그는 불행한 결혼생활이 육체적인 영향뿐만 아니라 우울증이나 자살시도, 기타 스트레스나 정신적인 어려움에 큰 영향을 주는 것도 확인하였다.

가정은 나와 배우자만의 베이스캠프가 아니라 자식들의 베이스캠프이기도 하다. 최근 많은 연구들에서 밝히고 있듯 가정에서의 나와 배우자의 역할은 자녀들에게도 절대적인 영향을 준다. 우리들은 이미 어린 시절을 경험하고 자라 살고 있지만, 우리의 자식들은 아직 자라지 않았다. 어린 시절의 경험이 성격 형성에 영향을 미쳐 인생을 좌우한다.

하버드 대학에서 20대 젊은이 268명이 90대 노인이 되기까지 그들의 삶과 건강을 75년에 걸쳐 지속적으로 연구했다. 그 결과 성공적 삶을 위해서는, 어린 시절의 경제적 풍요나 사회적 특권이 아니라 '사랑하고 사랑받았던 경험이 중요'한 것으로 나타났다. 금수저니 은수저니 하는 것이 크게 중요하지 않았다는 말이다. 어린 시절 어머니와 따뜻한 관계를 갖지 못한 사람일수록 노년기에 치매에 걸린 비율이 높았고, 아버지와 관계가 좋지 않았던 사람일수록 결혼생활이 불행했다. 사랑받지 못하고 자란 아이는 사랑받고 자란 아이보다 70세에 심각한 우울증을 경험한 비율이 여덟 배 더 높았다.

'아이들에게 사랑을 듬뿍 쏟아 내 아이들이 성공적이고 행복한 인생을 살게 해주고 싶다.' 이렇게 생각하면 가정은 직장보다 더 소중해진다. 부부의 역할과 행복이 우리끼리 좋고 싫음으로 끝나는 것이 아니라 자식들에게까지 연속적으로 계속 영향을 준다는 사실을 기억하자.

어떠한 사회적인 성공도 사적인 불행을 보상하지 못한다. 자의건 타의건 가정의 행복을 뒤로 미뤄두고 회사에서 일을 잘 해낸다고 해서 이것이 개인의 행복, 가정의 행복을 보장하지는 않는다.

가정을 돌보지 않고 소홀히 하면서 사회생활을 하다가 결국 돌아갈 곳이 없어지는 경우가 점점 늘어나고 있다. 그것이 이혼이 될 수도 있고, 쇼윈도 부부가 될 수도 있다. 우리 동료, 선배들에게서도 이런 모습을 쉽게 찾을 수 있다.

군이 설문조사를 들추어내지 않더라도, 우리가 죽기 전에 후회할 일들에 대해서 '사랑하는 사람들과 더 많은 시간을 보낼걸', '일 좀 적게 할 걸'이라는 답이 상위를 차지할 거란 사실을 우리는 예상할 수 있다. 실제로 500여 명의 직장인을 대상으로 한 설문조사 결과에서는 각각 40%, 11%가 이와 같은 답변을 했다. 현재는 미루고 있는 안락한 가정생활에 대한 염원과 과중한 직장생활에 대한 불만을 엿볼 수 있다.

회사생활에 지나치게 열심이라 주말에도 회사에 나오는 상사, 명절 때 가족과 함께 시간을 보내는 것이 어색해서 조조 상영 시간에 극장을 찾는 중년들, 야근이 당연하여 가족들이 더 이상 정시 퇴근을 기대하지 않는 동료…. 이런 사람들을 불쌍하게 쳐다보면서 우리도 어쩔 수 없다며 그 길을 답습하지 말자.

이렇게 살다 보면 당장은 아니더라도 베이스캠프는 서서히 기반이 흔들릴 수밖에 없다. 지금이라도 돌아가서 가정을 돌봐야 한다. 나의 베이스캠프는 내가 지켜야 한다. 자칫 넋놓고 있다가는 내가 돌아갈 곳이 없어질 수 있다.

늘 거기에 있었다고 앞으로도 계속 그곳에 있으라는 법은 없다. 결국 행복한 삶이란, 지금 당장 생활의 균형을 회복하고 그 밸런스를 계속 유지하려는 노력으로 가까워질 수 있다.

02. 이기적인 결혼생활이 행복하다

그 얼마나 많은 부부가 결혼으로 인해 서로 멀어지게 되었던가.
–알베르 까뮈

나는 회사를 그만두고 쉬는 동안 성공하는 결혼생활로 가는 방법 두 가지를 발견했다. 서점과 인터넷에는 '성공하는 결혼생활의 7가지 비밀' 같은 성공하는 직장생활, 행복한 가정생활에 대한 이야기들이 많이 나와 있다. 하지만 서술되어 있는 너무 많은 법칙과 비밀은 실상 아무것도 아닌 평범한 내용이다. 모두 바른 내용, 당연하고 좋은 내용들을 나열하고 있다.

인생의 가장 큰 두 개의 축은 직장생활과 가정생활이다. 직장은 이 직을 할 수 있지만, 배우자는 이혼과 사별이 아니면 바꿀 가능성이 없다. 자식들은 아예 불가능하다. 그만큼 소중하게 대하고 관리(그렇

153

다!! 관리다. management!!)해야 한다. 내가 발견한 '결혼생활을 행복하게 꾸려나가는 방법'은, 결론부터 이야기하자면 '내가 어떨 때 행복한지 확실하게 아는 것', 과 '그것을 상대방에게 100% 전달하는 것' 두 가지이다. 이 두 가지가 왜 행복한 결혼생활의 비결인지 살펴보자.

가정생활은 결혼으로 시작한다. 결혼식과 혼인신고(혼인신고와 이혼신고 창구가 같다는 사실을 알고 깜짝 놀랐다)를 하고 나면 기대와는 조금씩 차이가 있는 현실을 경험하기 시작한다. 그래서 연애할 때는 두 눈을 부릅뜨고 상대를 살펴보고, 결혼한 후에는 한쪽 눈을 감고 생활하라는 말이 있는가 보다.

결혼식 당일에 주례사로 들었던 말은 하나도 기억 안 나는데, 친구들의 결혼식에 가서 주례사를 듣고 있으면 저절로 고개가 끄덕여진다. 좋은 말들이라 끄덕끄덕 하다가도 집에 돌아오면 또 똑같은 행동과 생활의 반복으로 갈등을 일으킨다. 다른 사람이 아무리 좋은 말로 '이게 옳은 결혼생활'이라고 귀에 못을 박아도 바뀌지 않는다. 사람이기 때문이다. 사람은 쉽게 바뀌지 않는다.

1. 내가 뭘 해야 행복한지 명확하게 알아야 한다

연애 혹은 결혼생활을 상대방을 위해서 희생하고 양보하면서 시작하면, 결국 언젠가는 "당신 변했어!"라는 말을 듣게 된다. 나는 원래 그런 사람이 아닌데, 양보하는 척을 했기 때문에 원래 모습이 상대방에게는 낯선 것이다.

결혼은 새로운 관계의 시작이기 때문에 파트너인 배우자가 중요하다고 한다. 배우자를 최우선으로 대하고 본인이 조금 더 양보하라고 한다. '서로 조금씩 양보하세요'란 말은 주례사의 단골 주문이다. 하지만 실제로는 제대로 작동하는 주문은 아니다. 왜냐하면 기본적으로 본인이 행복하지 않으면 새롭게 시작되는 그 관계 역시 행복할 수 없기 때문이다. 그러므로 결혼생활에서 가장 중요한 것은 본인의 행복이다. '내가 희생하고 양보해서 상대방이 웃는 걸 보면 저는 행복합니다.'라는식으로 형성된 관계는 오래 지속될 수 없다.

보통 연애 기간에는 서로 파트너의 행복, 기분을 위해서 최선을 다한다. 남자들은 늦게까지 데이트를 하고 여자의 집 앞까지 데려다 주고, 한 시간이 넘는 길을 혼자서 돌아오기도 한다. 여자들도 아마 자신이 양보하면서 상대방을 맞춰주는 것이 있을 것이다. 하지만 결혼 후에도 상대방의 기분을 위해서 이런 양보와 희생을 계속하기는 어렵다. 평생 동안 지속해야 하기 때문이다.

반대로 내가 좋자고 하는 일은 어떨까? 큰 어려움 없이 결혼한 후에도 계속할 수 있다. 내가 좋고 내가 행복하기 때문이다. 한결같을 수 있다. 여기서 중요한 것은, 내가 무엇을 좋아하고 무엇을 하면 행복한지를 명확하게 알고 있어야 한다는 것이다. 그때그때 '이게 내가 하고 싶은 거야' 라면서 기분대로 행동하는 것은 애들이나 하는 짓이기 때문이다. 기분과 상태에 관계없이 내가 한결같이 좋아하고 지향하는 것을 스스로 잘 알고 있어야 한다.

2. 대화를 통해서 나의 이야기를 전달할 수 있어야 한다

나에게 소중한 것을 명확하게 파악했다면, 나의 생각을 대화를 통해서 상대방에게 정확하게 전달할 수 있어야 한다. '이야기를 한다'는 것은 그냥 '혼자서 말을 한다'와 같은 의미이다. '대화를 한다'는 것은, 내 생각을 상대방에게 잘 전달해서 상대가 내가 생각하는 것과 같은 생각을 할 정도로 싱크로율을 끌어올리는 과정을 의미한다.

배우자에게 내가 원하는 것, 내가 하고 싶은 것을 잘 전달하는 것이 중요한데, 내가 무엇을 말해야 하는지를 모른다면 배우자와 내가 싱크가 될 수가 없다. 대화 전에 반드시 1번 과정, 즉 내가 뭘 해야 행복한지 명확하게 아는 것이 필요한 이유이다.

나에 대해서 이야기를 할 때도 '나'에게 계속 초점을 맞추는 것이 중요하다. 나의 이야기를 해야 하는데 상대방의 기분, 상대에게 기대하는 내용 등을 끌어들이면 그때부터 방어전이 시작된다. '당신이 원하지만 나는 해줄 수 없는 이유'의 공방전이 시작되는 것이다. 맞춰주겠다고 약속한다고 해도 그건 그 사람이 변해서 그렇게 해주는 것이 아니다. 그런 것은 오래 지속되기 힘들다. 잠깐 반짝 하는 리액션으로 남고 마는 것이다.

상대방이 원하는 것이 무엇인지 알게 되면 내가 그것을 맞춰주건 못 맞춰주건 일단 이해는 한다. 해줄지 말지는 그 이해를 바탕으로 한 내 결정이 된다.

사람은 기본적으로 안 변한다. 결혼을 해서 가정을 꾸릴 정도 장성한 사람이라면 변할 가능성은 더 적다. 이미 나는 내가 살아온 30년 동안 부모님과 수많은 선생님들, 친구들이 준 영향이 반영된 결과물이다. 30년이 지난 지금 만난 단 한 명 때문에 변하기는 어렵다. 이 결과물인 내 성격은 앞으로 40~50년 동안 갈수록 더 단단하게 굳어질 것이다. 책에서, 인터넷에서, 집에서 그리고 배우자가 아무리 요청하고 다툰다고 해도 쉽게 바뀔 수 있는 것이 아니다.

그러므로 '나'에게 집중하자. 나를 행복하게 만들어주는 것을 찾아내자. 아이처럼 그때그때 상황과 기분에 따라 좋아하는 것, 원하는 것이 바뀌지 않도록 스스로 가만히 생각해 보자. 나를 어떤 사람이라고 말해 줘야 배우자가 나를 이해할까?

내가 무엇을 원하는지 내가 잘 모르는데, 태어나서 30년 만에 만난 상대방이 사랑의 힘으로 1~2년 만에 알아서 잘 해줄 거라고 기대하는 것은 너무 순진하고 낭만적인 착각이다. 나에 대해서 잘 대화를 나눈 다음, 같은 방식으로 배우자에 대해서 다시 대화를 나눠보자. 평소에 주고받았던 대화와는 사뭇 다른 이야기들이 오갈 것이다. 이제 당신이 새로 알게 된 당신의 배우자에게 맞춰줄지 못 맞춰줄지는 당신의 결정이다.

결정하자.

03. 육아 기술, 대화로 갈고 닦아라

이 장에서는, 살면서 겪는 가장 큰 이벤트 중 하나인, 출산과 육아로 인하여 깨질 수 있는 생활의 밸런스를 현명하게 잘 유지하는 기술에 대해서 이야기해 보고자 한다.

보통 평범한 사람에게 평생을 통틀어 가장 충격이 큰 이벤트는 출산일 것이다. 부모였던 적은 없으니까. 출산의 임팩트에 맞먹을 수 있는 충격은 거의 없다. 출산은 남자에게는 막 살아온 지난 나날들을 돌아보면서 앞으로의 바른 삶을 다짐하는 계기가 된다. '이 아이가 나처럼 자라면 어떻게 하나' 하는 걱정에 밤잠을 설치기도 한다. 여자에게는 "나는 아기는 별로 안 좋아해." 하던 아가씨가 출산 후에는 '세상에서 제일 예쁜 내 새끼'를 입에 달고 사는 엄마로 다시 태어나는 기적을 일으킨다.

부부가 알콩달콩 살면서 자기들의 마음에 드는 대로 꾸며놓은 왕국이 갑자기 위험한 것들로 가득한 장소가 된다. 마음대로 절대 되지 않는 무법자인 아기의 갑작스런(10개월의 준비기간이 있긴 하지만) 등장으로 엄청난 변화를 경험하게 되는 것이다. 문제는, 이 시점의 변화에 현명하게 잘 대처하지 못하면, 이때 생겨난 갈등은 남은 결혼생활 기간 동안 평생 꼬리표처럼 따라다닐 수 있다는 것이다. 정서적으로 굉장히 민감할 때라서 이때 생기는 상처는 깊고 날카로운 자국을 남기게 된다.

요즘은 많은 부부들이 출산과 육아에 남편이 적극적으로 참여하는 것을 당연시 여기고 서로 많이 도와주고 있다. 단지 동참하는 수준이 아니라, 실제로 여성들이 임신 기간 동안 겪는 몸과 호르몬의 변화와 유사한 신체적·정신적인 변화를 남성들이 겪기도 한다. 아내의 임신 기간 동안 남편의 절반 정도는 체중이 늘어나며, 최대 12kg까지 늘어나기도 한다. 임신 첫 3개월 동안에는 냄새에 민감한 반응, 구역질이나 피로, 수면 문제, 부종, 특정 음식 갈구, 극단적인 기분변화 같은 아내의 입덧처럼 남편도 유사한 증상들을 경험하기도 한다. 아내의 임신 중기(4~6개월) 기간에는 남편의 입덧이 줄어들었다가 아내의 임신 말기에 심하게 재발하기도 한다. 19세기 말 심리학자들은 남성의 임신 증상을 새가 '알을 품다'라는 프랑스 단어에서 따온 용어인 쿠바드 증후군(Couvade Syndrome)이라고 지칭했다.

하지만 남자 입장에서는 10개월 동안 뱃속에 아기를 품고 있는 쪽이 여자이다 보니 100% 여성의 기분과 상황을 이해하는 것은 불가능하다. 그렇다면 출산 전과 출산 후에 어떻게 해야 서로에 대한 이해도 높이면서 출산과 육아라는 급격한 변화로 인한 생활의 밸런스를 유지할 수 있을까?

출산 전

출산을 준비하는 신혼부부들은 아기 방을 꾸미거나 육아박람회에 다니면서 태아보험, 제대혈 기증, 면 손수건, 유모차 등을 열심히 알아보고 다닌다. 하지만 이 기간에 가장 중요한 것은, 부부간의 대화를 통한 아기와 가정의 미래 설계이다. 부부간의 대화는 언제나 중요하지만, 특히 이 기간 동안에는 앞으로 태어날 아기를 어떻게 기를 것인지에 대한 짧게는 1년의 계획, 길게는 대학 진학까지의 계획에 대해서 계속 이야기를 나누어야 한다.

부부간의 의견에 차이가 있다면 대화를 통해서 그 차이를 좁혀놔야 한다. 그 차이를 좁히지 못하거나 그런 차이가 있는지도 모르고 이 시기를 그냥 보내버린다면, 관련한 문제가 닥쳤을 때 그것을 해결하기 위한 갑절의 시간이 필요할 것이다. 아기 방의 벽지나 침대, 유모차 같은 이야기가 아니라, 아기를 포함한 부부의 생애 계획을 새로 짜야 하는 시기인 것이다.

Walk and Talk

하지만 거실 테이블에 마주 앉아서 "우리 지금부터 이야기 좀 할까?" 하는 식으로는 대화가 아니라 싸움으로 연결되어버릴 가능성이 크다. 서로 마주 보고 있으면 상대방의 표정이나 말투로 인한 트집을 잡다가 싸움으로 넘어가버릴 위험이 있기 때문이다.

산책을 나가자. 가까운 곳을 천천히 걸으면서 기분 전환을 하자. 특정 주제를 정할 필요는 없다. 출산 전까지 천천히 함께 걸을 수 있는 시간이 10개월이기 때문이다. 모든 것에 대해서 이야기를 해보자.

출산 후, 육아 중

출산 후 약 1년은 부부의 정신적·육체적인 피로감이 극에 달하는 때이다. 출산 휴가 3일을 쓰고 난 후 남편은 평상시와 같이 일터로 복

귀해야 하고, 아내는 아이와 함께 집에 남겨진다. 출산 경험이 있다면 좀 다르겠지만, 첫아이를 출산한 경우에는 모든 것이 처음이기 때문에 어찌할 바를 모른다. 느껴보는 감정도 처음이고, 그 감정을 어떻게 대처해야 하는지도 경험한 적이 없다. 이런 위기를 잘 넘길 수 있는 것도 대화이다.

이 시기의 대화도 역시 출산 전에 했던 Walk and Talk이 제일 좋은 방법이다. 이미 많은 대화를 나누었겠지만, 아이가 태어난 후의 감정에 대해서는 처음 이야기하는 것이기 때문에 대화할 거리는 무궁무진하다. 일상이 늘 대화의 시간이어야 한다. 데이트 혹은 특정일을 정해 놓는다면 성향에 따라 오히려 스트레스를 받을 수도 있다. '그날'에 '뭔가'를 해야만 한다는 생각이 압박이 될 수도 있기 때문이다.

일상에서 산책하고 장을 보러 나갈 때 함께하면서 자연스러운 대화를 나누는 것이 좋다. 한국의 부부 세 쌍 중 한 쌍이 하루에 30분도 대화하지 않는다는 인구보건복지협회 통계조사 결과가 있지만, 우리는 아직 신혼부부이다. 부부가 하루 종일 있었던 각자의 일상 이야기를 10분 정도로만 줄여서 이야기하면 된다. 하루에 20분이면 다른 대화의 물꼬를 트는 데 충분하다.

처음 아이를 가진 부부라면 아기를 포함한 모든 것이 낯설고 스트레스의 근원이 된다. 이미 아이가 있는 가정이라면 둘째, 셋째 임신은 첫째를 낳고 잊고 있었던 힘들었던 시간의 되풀이다. 하지만 꼭 기억해야 하는 것은, 출산 후의 어려움은 일시적이라는 것이다. 아이들이 초등학교만 들어가도 부부가 기댈 곳은 배우자뿐이라는 사실을 꼭 명심하자. 두 사람이 서로 힘을 합쳐야 한다.

서로 대화하자.

04. 가정이 평안해야 집에서 쉰다

남편: 은퇴하고 나면 아내가 나를 평생 노력한 것에 대해서 인정해 주고,
황제 대접까지는 아니라도 '삼식이'라고 부를 거라고 상상도 못했거든….
아내: 그전에는 일을 하느라고 집안일도 못 도와주고 나에 대한 사랑도 적었지만,
남편이 은퇴하고 나면 이제 시간도 많아졌으니까
부부로서 즐거운 여가도 함께 하고 서로를 위로하고
내가 엄마로서 아내로서 잘했던 부분을 칭찬해 주기도 하고 살 줄 알았더니,
웬 상사 한 분이 본격적으로 권력을 행사하려고 하니 미치지….
－YTN 인터뷰 중에서

회사 동료들을 가만히 살펴보자. 퇴근할 시간이 지났는데 집에 안
가고 굳이 저녁을 회사에서 먹는 사람들이 있다. 일도 없어 보이고 집
에 일찍 갈 수 있을 것 같은데 굳이 안 가는 사람들이다. 아직 우리들
은 이해가 잘 되지 않지만, 그들 나름의 이유가 있고 그 이유에 대해서
서로 공감하는 것 같다. 대부분 그분들은 오랜 시간 회사에서 열심히
일해 왔기 때문에 늘 퇴근이 늦었고, 그것이 너무 고착화되었다. 그러
다 보니 평일에 좀 이른 시간에 집에 들어가면 집에서 딱히 할 일이 없
다는 것이다.

제 시간에 집에 들어가도 배우자와 딱히 할 말도 없고, 서로 궁금

한 것도 없는 단계이기 때문에 집에 있는 것이 불편하다. 아이들이 요즘 뭘 하는지 대화를 해본 기억은 나지도 않는다. 게다가 요새는 아이들이 학원에 가서 집에 늘 없고 더 바쁘다. 물론 아이들이 집에 있어도 딱히 할 말은 없는 상황이다.

베이스캠프인 집에서 푹 쉬고 다음날을 활기차게 시작해야 하는데, 오히려 집에 들어가는 게 불편한 상황이다. 이렇게 되면 어디서 재충전을 하고 활력을 회복할 수 있겠는가? 결국 굉장히 불편하고 생산성이 떨어질 수밖에 없다. 젊은 날에 열심히 일을 한다는 이유로 집과 가족에 소홀했던 그 대가가 이렇게 힘들고 불편하게 돌아오는 것이다.

이런 분들이 은퇴 후 갖게 되는 별명이 바로 '삼식이'이다. 퇴직 후 집에서 세 끼 밥을 다 챙겨 먹는다고 해서 붙여진 이름이다. 게다가 은퇴 후 집에서 배우자와 함께 있을 수밖에 없는 상황에 처하게 되면 갈등이 급증한다고 한다. 실제로 한국보건사회연구원이 670여 명의 퇴직 남성들을 대상으로 조사한 결과를 보면, 집에 머무는 시간이 길어지는 60대 후반 그룹이 최근 1년간 부부간 갈등을 겪었다는 비율이 가장 높았다(35.3%). 부부 갈등의 원인도 성격(20.1%)이 경제적 이유(17.9%)나 생활방식(19.5%)만큼 컸다. 같이 지내는 시간이 갑자기 길어지면서 전엔 도드라지지 않던 갈등 요인이 부각되는 것이다.

한창 젊은 날 직장과 가정에서 균형을 제대로 못 잡고 밖으로 돌다 보면, 이처럼 안타까운 결과를 향하여 계속 달려가는 것밖에 안 된다. 어떻게 될지 다 보이는데, 그 길에서 벗어나려 애쓰지 않는 것은 정말 안타까운 일이다. 물론 그분들의 젊은 날 또한 개인의 영달이 아니라 가족들을 위해서였을 것이다. 하지만 지금은 더 이상 그런 시대가 아니다. 시대가 바뀌었으니 우리도 바뀌어야 한다.

심지어 삼식이가 되면 배우자(그렇다!! 당사자가 아니라 배우자 다!!!)의 건강에 안 좋은 영향을 줄 수도 있다는 연구 결과도 있다. 한국고용정보원이 2015 공모전에서 선정한 「은퇴가 은퇴자 및 배우자의 건강에 미치는 영향」이라는 논문에서는, 은퇴가 은퇴 당사자보다 배우자의 건강에 더 부정적인 영향을 미칠 수 있다는 것을 밝혔다.

은퇴가 당사자에게는 부정적 변화와 긍정적 변화를 함께 주지만, 배우자에게는 주로 스트레스만 불러일으키기 때문이다. 평생 고생하다가 은퇴해서 함께 즐거운 여생을 보내는 것을 기대하겠지만, 되려 배우자의 건강에 안 좋은 영향만 끼칠 수 있다는 것이다.

앞으로 어떤 일이 일어날지 미래를 볼 수는 없다. 하지만 지금 일어나고 있는 일이 과거에 어떤 일들 때문에 일어나고 있는지는 생각해

볼 수 있다. 그리고 그 일이 지금도 계속 일어나고 있다면, 앞으로도 같은 일이 일어날 수 있겠다고 예측할 수 있다.

'삼식이' 이야기들에서 알 수 있듯이 이유야 어쨌건 지금까지 가정에 소홀했던 은퇴 전후의 남성들이 여러 모로 고생하고 있다. 가족과의 대화 단절과 그로 인한 낮은 관심, 서툰 공감법, 어떻게 함께 시간을 보내야 할지도 모르는 부부… 이런 생활이 계속 반복된다면, 결국 우리도 지금 고생하는 '삼식이'처럼 20~30년 후의 삼식이가 될 수밖에 없다.

지금 30대라면 빠르다고 해도 결혼생활을 시작한 지 10년이 넘지는 않았을 것이다. 앞으로 우리는 지금의 배우자와 길게는 50년을 지내야 할 수도 있다. 앞으로 20년 뒤에 은퇴할 수밖에 없는 회사생활에 훨씬 큰 비중을 주고 생활할 것인지, 아니면 지금부터라도 무너진 혹은 무너질 것 같은 밸런스를 다잡기 위해서 노력할 것인지는 온전히 우리의 결정이다. 그리고 그 결과에 대한 책임도 우리의 몫이다.

지금 주변 동료들, 혹은 상사들이 집에 들어가기 싫어하거나, 가정에 상대적으로 소홀히 하는 마쵸맨들이라면 잘 살펴보자. 그리고 그들을 따라할 것인지, 지금부터라도 배우자와 인생의 파트너로서 푸근하고 편안한 가정을 만들기 위해서 함께 노력할지를 결정하자.

30년이 지난 다음, 지금 당신이 생각하고 있는 이유들은 그냥 오래된 변명에 지나지 않을 것이고, 그 시간은 되돌릴 수 없을 것이다. 지금부터 당장 적용할 수 있는 아내와의 대화법을 다음 장에서 알아보자.

05. 평생 우군과 대화하자

'악처 한 사람이 열 효자보다 낫다'는 속담은
노후의 편안하고 행복한 생활의 핵심은
좋은 부부관계 형성에 있음을 대변한다.

앞장에서 삼식이가 되면 내가 힘들어지는 것보다 배우자의 건강에 안 좋은 영향을 줄 수 있다고 하면서, 지금이라도 삼식이가 되는 것을 피해야 한다는 이야기를 했다. 은퇴는 피할 수 없지만 삼식이가 되는 것을 예방할 수 있는 방법이 있다. 가장 간단하지만 어려운 것. 바로 배우자와의 대화가 그 답이다.

연애할 때는 그렇게 재잘재잘 이야기했었는데, 결혼하고 내 사람이 되고 나면 갑자기 할 말이 뚝 끊어지는 이유는 뭘까? 가장 큰 이유 중에 하나는 '관심이 줄어서'일 것이다. 그리고 자신의 이야기를 100% 다 하지 않게 되기 때문이다.

혹자는 배우자에게 처음부터 잘 해주면 처음만 고마워하고 나중에는 더욱더 잘 할 것을 기대하게 될까 봐, 혹은 나중에는 뭔가 더 힘든 것을 요구할지도 모른다고 미리 걱정하기도 한다. 하지만 설사 그럴지라도 대화를 하고 잘 해주려고 노력해야 한다. 대화가 잘 통하면 '나로서는 이게 최선이다'는 의사를 제대로 전달할 수 있고, 상대가 이해하면 그 이상으로 갈등이 진행되지 않는다.

평소에는 대화를 하지 않다가, 뭔가 일이나 사건이 생겼을 때 대화를 하려고 하면 좋지 않은 기분으로 대화하는 경험이 쌓이게 된다. 앞서 이야기했던 '로사다의 법칙'에 따라, 단 한 번의 좋지 않은 경험 혹은 생각을 극복하기 위해서는 세 번의 긍정적인 경험과 생각을 해야 한다. 좋은 대화를 나누지 않은 상태에서 가끔 하는 대화마저 이런 식이라면 긍정적인 경험을 할 기회가 없다.

'남녀의 뇌는 생각하는 방식과 작동하는 방식이 다르다'는 사실은 널리 알려진 이야기다. 이는 대화 방식에도 마찬가지로 적용된다. 여성의 뇌는 대화를 많이 하면 뇌에 혈류량이 많아져서 스트레스가 해소되며 기분이 좋아진다. 반면 남성의 뇌는 문제를 해결하면 도파민이 분비되고 성취감과 만족감을 느끼게 된다.

남자들의 뇌는 대화를 할 때 여자의 문제를 해결해 주기 위한 방법을 찾기 위해서 작동하고, 그 대화에서 별다른 해결책을 찾지 못하면 스트레스를 받게 된다. 남자는 스트레스를 유발하는 대화를 회피하게 되고, 여자는 남자가 스트레스를 피하기 위해서 대화를 거부하는 것에서 상처를 받게 되는 것이다. 그러므로 서로가 원하는 방식으로만 대화를 계속 반복한다면, 남자에게 여자와의 대화는 결국 스트레스거리가 쌓이는 일일 뿐이다.

정신없이 직장과 가정을 오가며 스트레스와 갈등에 시달리는 것은 피할 수 없다. 그리고 부부간에 끊임없이 대화하고 소통하면서 이 갈등을 해소해 나가는 것은 행복한 가정생활을 누리는 데 가장 중요한 과정이다. 30년 가까이 성장 배경과 가치관이 다른 두 사람이 갑자기 같은 공간에서 생활하기 때문에 갈등이 생기는 건 당연하다. 행복한 부부와 불행한 부부의 차이는 '갈등이나 문제가 얼마나 많은가'가 아니라 '대화로 그 갈등을 어떻게 풀어나가는가'에 달려 있다.

남자들의 대화지능은 여자들에 비해서 많이 떨어진다. 그렇기 때문에 남편과 말이 안 통한다고 답답해 하는 아내들이 그렇게 많은 것이다. 연애할 때는 들어주는 척이라도 했지, 결혼하고 나면 듣는 둥 마는 둥이다. 대화지능이 높으면 물론 대화하기에 좋지만, 다행인 것은 대화지능이 대화의 필요충분조건은 아니라는 점이다.

중요한 것은 대화할 때의 태도이다. 이 태도는 우리가 다 알고 있다.

신입사원 면접 때 면접관의 질문을 하나도 놓치지 않기 위해서 취했던 그 태도이다. 기억이 나지 않는다면 사장님 미팅 때 사장님의 말씀을 듣는 그 자세이다. 상대방이 하는 이야기를 듣기 위해서 상체를 살짝 앞으로 기울이고 눈을 맞추고, 그의 말을 잘 듣고 있다는 것을 보여주기 위한 적절한 끄덕임, 그리고 상대방의 이야기를 짧게 정리해서 되물어보는 확인…. 우리가 면접 준비할 때 다 해봤던 것들이다. 혹은 회사에서 부장님 혹은 임원들과의 미팅에서 늘 하고 있는 태도이다.

집에서까지 그런 자세로 대화를 해야 하는지 갑갑할 수도 있지만, 은퇴 후 가장 무서운 사람은 회사의 사장님이나 부장님이 아니라 집에서 함께 있어야 할 '마나님'이라는 것을 명심하자.

여성들은 남자들에게 돌려서 말하는 것을 피해야 한다. 남자들은 대화지능이 낮아서 돌려서 이야기하면 알아들을 수가 없다. 회사에서 회의를 진행하듯이 대화하는 방식이 가장 알아듣기 쉽다. 대화를 시작할 때 이야기의 목적을 먼저 밝히면, 남자들은 대화에 더 편하게 임할 수 있다. 예를 들어 "내 얘기를 듣기만 해줘", 혹은 "내 얘기를 듣고 내가 어떻게 해야 할지 해결책을 줬으면 좋겠어" 등 남자가 대화에서 할 수 있는 역할을 한정해 주는 것이 더 좋다. 그렇지 않으면 남자는 여자들의 이야기를 듣는 내내, 그 대화의 처음부터 끝까지를 여자가 남자에게 주는 문제라고 생각하고, 계속 그 해결책을 찾으려 많은 에너지를 쏟을 것이기 때문이다. 또한 남자는 존중과 칭찬을 먹고 살기 때문에 그에게는 수시로 고마워하는 마음을 전달해야 한다. 아이를 다룰 때처럼 오구오구~ 우쭈쭈~~ 해줘야 한다.

이렇게 남자와 여자가 어떻게 다르다는 이야기를 하고 있지만, 가장 중요한 것은 '서로 대화하겠다는 의지'를 굳게 갖는 일이다. 대화거리가 부족한 것은 대화가 없기 때문이다. 일정 대화를 마중물처럼 하고 나면, 상대방과 대화할 거리가 반드시 쌓인다. 대화거리가 쌓이고 나면 그 다음은 서로가 궁금해 하는 내용들로 대화를 이어나갈 수 있다.

대화거리를 쌓기 위해 원활한 대화를 하는 방법

1. 대화할 내용을 미리 생각하고 정리한다. 정리한 분량을 보고 얼마나 시간이 필요할지를 가늠한다. 배우자가 그 시간 동안 다른 방해를 받지 않고 대화가 가능한지 확인한다.

2. '나'의 관점에서 이야기를 풀어나간다. 내 생각, 내 느낌, 내 감정을 이야기하는 것이 중요하다. '너'의 관점으로 이야기하면 상대방은 이야기를 듣기보다는 나의 말에 대해서 스스로 방어하려는 생각을 먼저 하고 대화에 집중하기가 어려워진다.

3. 상대방이 이야기를 다 할 때까지는 말을 절대 끊지 않는다. 대신

계속 호응을 해주어서 상대가 준비한 이야기를 다할 수 있도록 기다려주고 유도해 준다.

4. 이야기를 마친 것 같으면 하고 싶은 말을 다 한 것인지 확인을 하고, 그렇다고 한다면 내가 이해한 내용이 맞는지 짧게 요약하여 확인한다.

5. 상대방의 이야기에 대한 나의 생각을 펼쳐나간다. 대화를 할 때 '내'가 원하는 것을 상대방에게 직접 알려주는 것이 상대방이 내가 원하는 것을 맞추기를 기대하는 것보다 훨씬 쉽고 빠르다. 내 생각을 확실하게 전달하자.

이런 다단계 대화법을 제안하면 흔한 반응은 아래 두 가지이다.

1. 우리가 결혼 몇 년차인데 서로 생각하는 것을 모르겠어?

⇨ 서로 생각하는 것은 알 수 없다. 모른다.

2. 다 큰 어른인데 애들처럼 저렇게 단계별로 하나하나 따져가며 이야기해야 하나?

⇨ 저렇게 해야 한다. 필요하다면 짧은 메모로 정리해서 수시로 보면서 해야 한다. '나'의 메시지로 이야기하기, 상대방이 이야기하는데 말을 중간에 끊지 않기는 굉장히 어렵다.

이렇게까지 해서 우리가 얻을 수 있는 것은 무엇인가? 배우자와 평생 동안 대화의 소재를 고갈시키지 않는 방법을 몸으로 익힐 수 있다. 이런 대화를 통해서 상대방이 무엇을 원하는지 쉽게 알 수 있다. 그리고 은퇴 후에 더욱 돈독해진 가정생활을 누릴 기반을 다질 수 있다. 귀찮을 수도 있지만 우리가 얻는 것이 훨씬 더 크다. 행복한 지금과 든든한 노후를 위해 배우자와 잘 지내자.

06. 엄마를 사랑하는 아빠

결혼할 때는 이런 질문을 하라.
늙어서까지도 이 사람과 '대화'할 수 있을까.
이와에 다른 모든 건 일시적일 뿐이다.

―프리드리히 니체

엄마를 사랑하는 아빠.

결혼 후 가정에서의 내 모습으로 결정한 키워드이다. 이 말은 결혼을 1년 앞둔 2010년에 생각해 냈다. '사람은 평소에 생각하는 대로 말하고 말하는 대로 된다'는 것을 믿고 지냈기 때문에, 내가 나의 키워드로 삼은 이 말을 생각해 내는 데는 꽤 오랜 시간이 걸렸다. 근 30년을 부모님과 살다가 2010년에 혼자서 서울생활을 시작했었다. 앞으로 가장이 되어야 한다는 책임감 때문에 퇴근 후에는 늘 생각에 빠지곤했다. 가정에서 나는 어떤 역할을 하는 사람이 되어야 할까?

이 장에서는 가장으로서, 남편으로서, 아빠로서의 역할을 결정하기 위해서 그때 고민했던 부분과 결혼 후 아내와 대화를 나누고 공부했던 내용들을 공유하고자 한다.

사람들은 자기 이상형을 정해 놓고 그 사람을 찾으려고 한다. 하지만 정작 중요한 것은 고려하지 않는다. 만약 이상형에 가까운 사람을 찾았는데, 상대방의 이상형이 내가 아니라면 그 사람의 선택을 받을 수 있을까? 결국 내가 누군가의 이상형으로 준비되어 있어야 한다는 사실을 알게 되었다. 나는 '사람은 말하는 대로 생각하는 대로 된다'고 믿었기 때문에 정말 진지하게 이런 고민을 했었다. 혹여나 안 좋은 생각이 들까 봐 생각과 고민의 끈을 조심조심 이어갔다.

고민에 고민을 거듭한 끝에 '엄마를 사랑하는 아빠'라는 나의 키워드를 생각해 냈다. 이런 사람이 되기 위해서는 아내와 아이들의 도움이 필요했다. 결혼을 준비하면서 아내에게 이것을 설명한 다음, 내가 도움을 받을 수 있는 것과 내가 할 수 있는 것들에 대해서 아래와 같이 정리할 수 있었다.

가정생활은 상대방이 반드시 있는 것이고, 그렇기 때문에 내가 할 수 있는 것과 상대방이 도와줄 수 있는 것으로 나누었다. 내가 잘할 수 있는 일은 응원해 주고, 내가 도움을 받아야 하는 일은 적극적으로 도와달라고 했다.

	내가 할 수 있는 일	배우자의 도움을 받아야 하는 일
좋은 남편이 되기 위해서	아내와의 약속을 지킨다. 아내를 믿는다. 아내만 사랑한다.	아내가 원하는 것을 직접 말로 한다. 남편을 존중한다.
좋은 아빠가 되기 위해서	아이와 놀아줄 체력을 길러둔다. 아이와 함께할 수 있는 시간을 확보한다. 아이를 돌볼 때 필수적인 사항들을 미리 알아둔다. 내가 잘할 수 있는 것과 잘 못할 것들에 대해서 미리 아내에게 알려준다.	내가 하기 어려운 것들에 대해서 도움 을 준다. 남편이 도와줘야 하는 것들을 간단명료 하게 요청할 수 있다.

표 6. '엄마를 사랑하는 아빠'가 되기 위한 매트릭스

내가 할 수 있는 일

'내가 할 수 있는 일'은 말 그대로 내 임무이자 의무인 것들이다.

나의 의지로 할 수 있는 일은 어떻게 보면 가장 쉬운 일들이다. 내가 스스로 한 약속들을 지키기 위해서 내 의지로 내 몸을 움직이고 내 마음을 챙기면 되는 일들이다. 하지만 그렇기 때문에 더 어렵기도 하다. '내가 할 수 있는 일'을 잘 해내기 위해서는 아내와 아이들의 도움이 반드시 필요하다.

내가 할 일이기 때문에 다른 사람들이 해줄 수는 없어도 의지를 북돋아주고 응원해 줄 수는 있다. 믿어주고 칭찬해 줄 수 있는 것이다. 그렇기 때문에 내가 하려고 결심한 일들에 대해서 아내가 확실하게 알고 있어야 한다. 그리고 거기에 대해서 내가 칭찬과 격려를 받고 싶어 한다는 사실도 알고 있어야 한다. 혼자서는 의지가 약해져서 계속 스

스로를 응원하기는 힘들다.

배우자의 도움을 받아야 하는 일

'배우자의 도움을 받아야 하는 일'은 나 혼자서는 절대로 할 수 없는 것들이다.

예를 들면, 내가 아내에게 부탁한 것은 '확실하게 말로 표현해 주기' 였다. 보통 여자들은 남자들이 알아서 가려운 데를 긁어주길 원한다. 남자들에게는 정말 피곤한 일이다. 이렇게 에너지가 소모되어 버리면 정작 내가 해야 할 일들을 못하게 될 수도 있고, 쓸데없는 싸움으로 번질 수도 있다. 나는 이런 소모전은 전혀 도움될 것이 없다고 생각하고 '말로 확실하게 설명'할 것을 부탁했다.

뭐 이런 것을 굳이 '도움을 받는' 일이라고 하냐 할 수도 있겠지만, 이 요청만 제대로 받아들여져도 모든 일이 쉬워진다. 잘못한 일에 대해서 내가 사과하기도 쉬워진다. ("뭘 잘못했는지 잘 몰라?!" 같은 추궁을 들어본 사람이라면 동의할 것이다.)

'남편을 존중한다'는 항목도 내가 말로 요청한 것이다. 내 가정을 지키고 이끌어 나가려고 애쓰는 남편을 존중해 달라는 부탁이었고, 그에 대한 답으로 아내의 휴대폰에 나는 '하늘같은 지아비'로 저장되어 있다. 아내와 대화하다 보면 내 이야기와 의견을 존중해 주려는 노력이 보인다. 그런 노력이 느껴지면 나도 계속 아내의 존중을 받기 위해 노력하게 된다. 선순환이 시작되는 것이다.

그리고 나중에 아이들과 보다 진지한 대화가 가능해지면 '아이들의 도움을 받아야 하는 일'에 대해서도 이야기를 나눠볼 예정이다.

배우자와 매번 저렇게 표를 그려놓고 이야기를 풀어나갈 필요는 전혀 없다. 다만 할 수 있는 일과 도움을 받아야만 할 수 있는 일을 구분해서 대화할 수 있다면, 당신이 그리고 있는 가정생활에 보다 쉽게 다가갈 수 있을 것이다. 그리하여 당신의 '가정' 바퀴는 좀 더 튼튼해질 것이다.

Part 5

Communication;
두 마리 토끼를 잡는 단 하나의 비법

01. 안 싸우고 사는 법

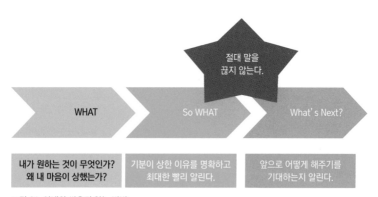

절대 말을
끊지 않는다.

WHAT	So WHAT	What's Next?
내가 원하는 것이 무엇인가? 왜 내 마음이 상했는가?	기분이 상한 이유를 명확하고 최대한 빨리 알린다.	앞으로 어떻게 해주기를 기대하는지 알린다.

그림 21. 아내와 싸우지 않는 방법

    아내와는 서로 알게 된 후로 한 번도 싸운 적이 없었다. 남들이 위험한 시기라고 하는 결혼 준비 과정, 출산 직전과 직후에도 말다툼 한 번 없이 잘 지내왔다. 연애시절, 둘이 싸우지 않는다고 하면 주변 사람들은 "한창 좋을 때라서 안 싸우는 거야."라는 식으로 반응했다. 결혼을 준비하는 동안에도 한 번도 안 싸웠다고 하면 "계속 싸움을 피하다가 한 번 싸우면 그걸로 정말 끝인데…. 한 번 정도는 일부로라도 싸워보는 게 어때?"라며 주변 사람들이 계속 걱정했다. 아이가 태어나고 결혼 생활 5년째 다툼 없이 잘 지내자, 주변 사람들이 "왜 안 싸우니? 어떻게 안 싸우고 사니?"라고 비결을 궁금해 하기 시작했다.

내가 아내와 안 싸우고 잘 지내는 비법은 딱 세 가지다.

1. WHAT: 내가 무엇을 원하는지 스스로 잘 알고 있다

보통 내가 원하는 대로 상대방이 못 맞춰주는 경우, 상대방이 내가 원하는 바를 잘 모르고 기분을 상하게 하는 경우 싸움은 시작된다. 그런데 정작 '내'가 원하는 것을 내가 정확하게 모르는 경우가 많다. 내가 원하는 것을 배우자에게 명확하게 설명해 줄 수 있어야 한다. 그래야 상대방이 맞춰주려고 노력이라도 할 수 있고, 못 맞춰줄 경우 자기가 왜 미안한 기분이 들어야 하는지 이해를 할 것이다.

2. SO WHAT: 내 감정에 대해 상대방에게 최대한 즉시 알려준다

아이들을 훈육하거나 강아지들을 훈련시킬 때, 나쁜 행동을 하면 현장에서 그 즉시 야단을 쳐야 한다. 시간이 조금 지나면 자기가 왜 혼나고 있는지도 잊어버리기 때문이다. 아이들만큼은 아니지만, 어른들도 보통 하루 이상 지나고 난 다음 자기 감정을 토로하면 듣는 사람 입장에서는 뜬금없는 이야기가 될 가능성이 크다.

물론 감정이 격한 상태에서 바로 이야기하면 언성이 올라갈 수도 있다. 얼마간의 시간이 지난 다음 차분한 목소리로 내 감정을 이야기해 주자. 당신의 어떤 행동, 말 때문에 마음이 상했다고. 마음이 상한 그 상황도 최대한 구체적으로 이야기하는 것이 중요하다.

3. WHAT's NEXT: 내가 원하는 것을 명확하게 알려준다

마음이 상한 것을 상대방에게 알릴 때는, 알리는 것이 목적인 경우보다는 상대방이 내 마음을 알게 된 다음 상대의 반응을 원하는 경우가 더 많다. 예를 들면 잘못을 인정하는 것을 보고 싶은지, 그것에 대한 사과를 받고 싶은 건지, 앞으로 그런 행동을 반복하지 않겠다는 다짐을 받고 싶은 것인지 등이다.

이 이야기를 꺼내서 결국 마지막에 어떻게 되길 원하는지를 염두에 두어야 한다. 상대방이 내 기분을 알고 사과하고 반성하는 모습을 원하는지, 상응하는 보상을 원하는 것인지를 미리 생각하고 있어야 한다. 보상이라고 해서 돈을 주거나 하는 것이 아니라, 내 마음을 풀어주기 위해서 외식을 한다거나, 집안일을 신경 안 쓸 수 있게 해준다거나 하는 등의 보상을 의미한다.

What's next를 확실하게 이야기하지 않으면 기분의 응어리가 완전하게 풀어지기 어려울 수도 있다.

위의 방법들을 살펴보면, 상대방이 아니라 '나'에게 초점을 맞추는 방식으로 대화하는 것임을 알 수 있다.

TIP. 말을 절대 끊지 않는다

내 감정과 생각을 말하는 동안 상대방이 말을 끊지 않고, 상대방이 설명, 해명하는 동안에도 내가 말을 끊지 않는다. 보통 이런 대화 방법을 시도하면 듣고 있는 사람의 마음에는 소용돌이가 치기 시작한다.

'나는 억울하다. 나는 니가 이걸 원하는지도 몰랐다. 나는 니가 여기서 기분 상했을 거라고는 짐작도 못했다. 나는 고의가 아니었다.' 등등 상대방의 말을 중간에 끊고 나의 억울함을 해명하고 싶은 생각이 혀끝까지 나온다. '아니, 근데, 그게 아니고…' 하는 식으로.

하지만 상대방이 이야기를 하고 있는데 이렇게 말을 잘라버리면 상대방은 속에 있는 이야기를 다 할 수 없다. 당신은 전체 맥락을 알 수 있는 기회를 놓쳐버리는 것이다. 당신이 들었던 그 내용까지는 당신이 해명할 수도 있겠지만, 이야기를 미처 듣지 못한 부분에 대해서는 알지 못하는 상태로 남아 있다. 왜냐하면 상대방 이야기를 다 듣지 못했으니까.

　사실 누구나 다 아는 내용이지만, 그렇게 못하기 때문에 계속 싸우는 것이다. 나도 실은 대학시절의 여자친구들과는 정말 많이 싸웠다. 당시 그렇게 싸웠던 건, 서로가 자기가 할 이야기만 상대방에게 해댔기 때문이었다. 내 상황을 이해하라고, 내 생각에 동의하라고 서로가 서로에게 일방적인 말만 했었다.

　아내와는 처음부터 한 번도 싸우지 않아서 '언제 한 번은 의견 충돌이 생겨서 싸울 수도 있겠구나' 했는데, 5년을 안 싸우다 보니 이제는 기록을 유지해 보고 싶은 욕심까지 생긴다. 그래서 우리는 '부부싸움'은 없고, 그 훨씬 전 단계인 부부간의 '의견 조율'을 대화로 활발하게 하고 있다. 아내와는 서로 이야기를 한다. 본인이 원하는 것을 잘 알고 있고, 그것을 상대방에게 설명해서 서로가 잘 이해를 하고 있다.

　지금이라도 배우자에게 내 감정에 대해서 솔직히 이야기하고, 앞으로 싸우지 말자고 동의를 구하자. 굳이 목소리를 높이지 않아도 충분히 내 기분과 생각을 상대에게 공감 받고, 내가 받고 싶은 대접을 전달할 수 있을 것이다. 그리고 날짜를 기록해 둔 다음 하루하루 기록을 쌓는 기분으로 노력해 보자. 어느 순간부터 지금의 평화로운 분위기를 계속 지키고 싶을 것이다. 그렇게 시작된다.

02. 나를 행복하게 만드는 Wants

미친 짓이란 같은 일을 반복하면서 다른 결과를 기대하는 것이다.
-알버트 아인슈타인

취업해서 월급을 받은 지 4~5년이 지나고 나면 슬슬 이런 푸념이 나오기 시작한다.

"내가 뭘 하고 싶은지 모르겠어. 일단 일은 하는데 잘 모르겠어."

"회사 들어와서 일만 하다 보니 지금 뭐하는지 모르겠다."

"진짜 카드 값 때문에 일한다. 하고 싶은 건 좀 참아야지."

이런 상황은 Wants(내가 진짜 하고 싶은, 이루고 싶은 것들)를 알지 못하거나 잃어버렸기 때문에 나오는 하소연이다. 우리는 이미 Needs(생활을 유지하기 위해서 꼭 필요한 것들)를 위해서 생활하는 단계는 지난 지 꽤 오래다. 돈을 벌기 위해서 취직을 했고, 취직을 하기 위해서 대학에 입학했었다. 이러는 동안 당신의 하고 싶은 일인 Wants를 미루거나 참고 살아야 했다. 하지만 그럼에도 Wants를 지금까지 잘 지켜왔다면, 목적을 잃어버리고 의미 없이 월급을 버는 행위만을 반복하고 있다는 허무한 느낌은 적을 것이다.

그러나 많은 사람들이 Needs를 만족시키기 위한 과정을 마친 다음, 즉 취업해서 월급을 받으면서 일하기 시작한 후 수년 동안 Wants에 집중하지 못한다. 취직한 다음 학자금 대출을 갚기 위해 치열하게 살거나, 결혼을 하고 가정을 꾸리기 위해서 정신없이 살다 보면 이런 고민이 시작된다.

내 인생은 '나를 위한 것'이 아니라 '돈을 버는 수단'으로만 이용되는 건가?

이런 느낌을 받기 시작하면 괴로워진다.

앞장에서 배우자와의 갈등을 없애기 위해서는 내가 어떤 것을 원하는지 상대방이 명확하게 알아야 한다고 이야기했었다. 상대방에게 내가 원하는 것을 알려주기 위해서는, 우선 스스로 내가 무엇을 원하는지 명확하게 알고 있어야 한다.

마찬가지로 나 자신과 갈등이 없으려면 우선 내가 원하는 것이 무엇인지를 알고 있어야 한다. 필요한 것(Needs)과 원하는 것(Wants)은 분명히 다르다. 살기 위해서 섭취해야 하는 '물'이 Needs라면 청량감을 느끼기 위해 마시는 '탄산수'는 Wants인 것이다.

직장생활이 내 삶을 유지하기 위해서 '필요한 것'을 얻기 위한 수단인지, 내 삶을 풍요롭게 만들기 위해서 '원하는 것'을 얻기 위한 도구인지 생각해 보자.

월급을 단지 카드 값을 메우기 위한 수단이라 본다면 Needs라고 볼 수 있다. 밥값과 각종 공과금을 내고 생활을 유지하기 위한 수단에 불과하기 때문이다. 하지만 월급을 자신의 Wants를 이루어 나가는 수단으로서 활용한다면 회사생활은 Wants를 달성하기 위한 도구라고 할 수 있다.

가정생활도 마찬가지 관점으로 살펴보자.

30대 중반이면 결혼해서 아이를 낳고 가정을 꾸려야 한다는 식의 사회적 통념에 맞게 살기 위해서 결혼한다면 Needs를 충족시키기 위한 수단에 불과할 것이다. 하지만 사랑하는 부부가 '우리 집'에 대한 비전을 일치시켜서 '생활' 그 이상의 것을 추구하면서 살아간다면 Wants를 달성하기 위한 길이라고 할 수 있다.

아래의 방법으로 Wants를 찾아보자.

우선 주변에 있는 아무 종이에다가 자기 이름을 써 보자.

1. 나열하기(Listing)

이제 내 이름 주변에 내가 하고 싶은 것, 나를 행복하게 하는 것을 여기저기 적어보자. 굳이 특정 행동이나 물건일 필요는 없다. 느낌이나 맛, 촉감 같은 것도 괜찮다. 구체적인 내용들로 여백을 잘 채워보자.

주의할 점은 오직 '나'에게만 집중해서 적어 나가는 것이다. 다른 사람들은 중요하지 않다. 이기적으로 적어 나가자. 다른 사람은 중요하지 않다. 배우자, 부모님, 아이들의 행복은 '나' 다음이다. '나'보다 우선순위가 밀린다. '아이들이 잘 자라면 나는 행복해' 라는 생각이 들었다면 일단 적어보자. 하지만 오직 '나'에 관한 것에만 집중하자.

(예시) 자유로움, 배낭여행, 전자제품, 아이패드, 휴대폰, 영화, 무한도전, 운동, 근육, 헬스장, 클럽음악, 글쓰기, 또 다른 회사, 육아, 딸과 놀아주기, 북한산 등산, 자전거 타고 한강 라이딩, 해외근무, 경영대학원, 커피 바리스타, 와인 소믈리에, 맥주, 만화책, 호텔, 휴식, 수영, 바다, 돈 등.

이 목록들을 분류해 보자. 기준은 이것이 '물'인지 '탄산수'인지이다. 다른 A4 종이를 반으로 접어서 위에 Needs와 Wants를 적은 다음 항목들을 배치해 보자. 그리고 Needs는 무시하자. Needs는 이렇게 찾아내서 하지 않아도 어차피 하게 되기 때문이다.

2. 우선순위 설정하기(Prioritizing)

Wants에 있는 항목들 중에 지금 당장이라도 하고 싶은, 가장 끌리는 것에 번호를 매기자. 리스트에 적은 항목을 한 번에 다 해낼 수는 없으니, 한 번에 하나씩만 해내자. 현실의 상황(내일 아침에 출근해야 하는 지금 상황, 결혼해서 신혼인 지금 상황, 아이들을 돌봐야 하는 상황 등)은 잠시 무시하자.

(예시) 1. 배낭여행 2. 글쓰기 3. 자전거 라이딩 4. 휴대폰 5. 커피, 6. 헬스장, 근육 만들기 7. 육아, 딸과 놀아주기 8. 북한산 등산…

3. 상황 설정하기(Context)

위에서 설정한 우선순위를 순서대로 모두 해낼 수는 없다. 내가 지금 속해 있는 상황이 있기 때문이다. 나의 상황을 고려해서 내가 어떤 특정한 상황이 되면 이 일을 하겠다는 시나리오를 미리 설정한다. 상황 설정하기 단계를 세부적으로 짜놓지 않으면, '하고 싶은 일' 목록은 언제까지나 '목록'으로만 남아 있을 가능성이 크다.

(예시) 1. 배낭여행을 가려면 진행 중이던 업무를 중단하고 휴가를 내거나, 회사에 사표를 내야 한다. 3. 자전거 라이딩을 하려면 퇴근 후 밤에 나가거나 주말 낮에 나가야 할 것이다. 5. 커피 바리스타를 하려면 일정 기간 아카데미를 수강해야 하기 때문에 야간 혹은 주말에 수강하

고 시험을 쳐야 할 것이다.

4. 상황 만들어 실행하기(Execution)

각각의 항목에 대해 할 수 있는 상황이 어떤 것인지 파악을 했다면, 이제 내가 그 상황을 만들어내야 한다. 하고 싶은 일들을 하기 위한 각각의 상황을 한꺼번에 여러 개 만들고 통제하기는 아주 힘들다. 우선순위에 맞게 가장 쉽게 할 수 있을 것 같은 항목을 고르자. 상황이 만들어지면 실행하면 된다.

(예시) 1. 배낭여행을 가기 위해서 미리 비행기 표를 끊어 놓는다. 상사와 휴가 일정에 대해서 미리 논의한다. 여행 기간 동안에 있을 주요 업무에 대해서 미리 논의한다. 하던 업무가 담당자의 부재로 중단되지 않도록 조치를 취한다. 혹은 '배낭여행 가기'는 추후 사표를 내고 난 다음으로 연기할 수도 있다. 대신 차선으로 3. 한강 자전거 라이딩하기를 고를 수 있다. 아내에게 토요일은 출근하지 않으니 금요일 밤에 야간 라이딩을 하고 오겠다고 이야기한다. 이 일이 나를 행복하게 만들 것이라고 명확하게 전달한다. 그리고 시간을 확보한다.

어제를 돌아봤을 때 나의 하루가 별로 행복하지 않았다면, 어제 내가 했던 방식과는 다른 방식으로 오늘 하루를 보내는 변화가 필요하다. 어제처럼 오늘을 또 살아 봐야 똑같은 내일이 올뿐이다. 많은 변화를 한꺼번에 일으키기는 어렵다.

나의 Wants를 잘 찾아내서 하나하나 이루어 나가자. 당장 할 수 없는 Wants는 잊어버리지 말고 잘 간직하고 있어야 한다. 늘 준비하고 있다가 그것을 이룰 수 있는 상황이 왔을 때, 그때를 놓치지 말고 그 항목에 체크 표시를 해야 한다. 그 체크 표시가 쌓이면 쌓일수록 더 만족한 삶을 살 수 있을 것이다.

03. 당신이 원하는 건 뭔데?

회사를 그만두겠다는 이야기를 아내에게 할 때 나는 이렇게 말을 꺼냈다.

"지금 내가 이야기하는 것을 듣고 공감해 줬으면 좋겠어. 근 1년간 회사 업무가 너무 과하다 보니 몸과 마음이 너무 상한 것 같아서 그만두고 잠깐 쉬는 것을 생각하고 있어."

대화를 하는 동안 큰 반발은 없었다. 당장 확실한 결론을 내기 어려운 내용들(맞벌이는 하고 있지만 회사를 그만두면 소득의 반이 날아가는 것, 이직은 어디로 어떻게 할 것인지에 대한 문제, 아내 본인도 힘들다는 등)은 이야기하지 않았다. 이 내용들은 다른 날, 다른 대화로 의견을 나누었다. 그 후에도 까다로운 이야기들은 각각 나누어서 원만하게 해결했다.

어떻게 퇴직이라는 까다로운 주제를 큰 트러블 없이 대화로 잘 해결할 수 있었을까?

결론부터 말하자면, 이야기를 시작하기에 앞서 내 이야기의 방향을 한정했다. 이야기의 목적이 아내로부터 힘든 내 직장생활과 건강에 대해서 '공감을 받고 싶은 것'임을 분명히 했다. 그리고 대화의 주제도 처음부터 '내가 회사를 그만두는 것'이라고 명시를 했다.

이렇게 시작하지 않았다면 아내는 이렇게 이야기했을 것이다.

"요새 경기가 안 좋은데 지금 그만두면 우리 소득이 반으로 줄어드는데 어떻게 할거야?"

"옮길 회사는 결정했어? 어떻게 할 건데?"

"나도 힘들어. 자기만 힘든 건 아니잖아."

이야기가 이렇게 흘러가버리면, 처음에 공감 받고 위로 받고 싶어서 꺼낸 이야기의 목적은 이미 물 건너가버린다.

배우자와 중요한 일에 대해서 이야기해야겠다고 결심하지만, 번번이 엉뚱한 이야기로 다투게 된다면 대화를 전개하는 요령이 부족한 것이다. 어떤 이야기를 배우자에게 해야겠다는 생각이 든다면 다음의 세 가지 절차와 체크리스트에 따라서 우선 할 말을 정리해 보자. 남편들은 생각을 미리 정리해 놓지 않으면 결국 아내에게 "자기가 기분 상할 말을 꺼내서 내가 미안해." 하고 사과로 대화가 끝나버릴 수도 있다. 꼭 미리 준비하자. 아내들은 아래 방법대로 남편에게 이야기 하지 않으면 "꼭 일일이 말로 다 해줘야 알아먹어?"라며 말귀를 못 알아듣는 남자 때문에 화만 더 날 수도 있다.

1. 이야기의 목적이 무엇인지 서두에 명확히 하라

체크리스트: 상대방이 이야기를 듣고 나서 어떤 반응을 보여주기를 기대하는가?

단지 내 기분을 알아주기를 바라는가, 내 기분에 동조하면서 맞장구 쳐주기를 원하는가?

상대방이 그런 생각, 행동을 하는 이유를 정확하게 알고 싶은가?

상대방이 어떤 행동을 일시적으로 해주기를 원하는가, 아예 습관을 고치기를 바라는가?

2. 반드시 상대방이 알아야 하는 내용이 무엇인지 어딘가에 적어둬라

체크리스트: 최대한 짧게 이 대화를 한다면, 꼭 포함되어야 하는 내용(결론)이 무엇인가?

안 적어두고 생각만 해서 이야기를 시작했다가 대화가 산으로 가버리면, 정작 해야 하는 말은 못하고 다른 이야기만 실컷 하다가 대화가 끝나버릴 것이다. 아니면 싸우거나. 그러므로 꼭 해야 할 말을 미리 생각한 다음 정리해서 지참하고 대화를 하는 동안 수시로 참고하자.

적어둔 결론을 먼저 꺼내자. 상대방 기분이 상하지 않도록 이야기를 빙빙 돌리면서 시작하면 정작 내 이야기는 시작도 못할 수가 있다. "내가 지금 하려고 하는 이야기는 회사를 그만두는 것에 대한 거야."라고 대화의 처음에 이야기를 하고 시작하자.

3. 1번과 2번을 결합시켜서 이야기하자

체크리스트: 내가 기대하는 상대방의 반응부터 이야기하라. 그리고 바로 결론을 이야기하라.

"지금 내가 이야기하는 것을 듣고 공감해 줬으면 좋겠어. 근 1년간 회사 업무가 너무 과하다 보니 몸과 마음이 너무 상한 것 같아서 그만두고 잠깐 쉬는 것을 생각하고 있어."

이렇게 이야기를 시작함으로써 이 대화의 목적이 아내로부터 힘든 내 직장생활과 안 좋아진 건강에 대해서 공감을 받고 싶다는 것을 분명히 했다. 만약 이렇게 시작하지 않고 free talking이었다면 대화는 산으로 갔을 것이다. 아내는 내가 이기적이고 혼자 힘든 줄 안다고 비난했을 수도 있다. 그만두고 난 후의 대책을 미리 생각하지 않은 계획성

부족한 사람이며, 이런 중요한 이야기를 불쑥 꺼내는 충동적인 사람이라는 등의 비난이 오갔을 수도 있다. 흔한 부부싸움의 패턴을 답습하지 않았을까?

부부 사이의 대화가 이런 식으로 서너 번 흘러가 버리면, 아예 이런 상황을 피하기 위해서 대화 자체를 안 하게 될 수도 있다.

중요한 원칙: '나'에 대해서만 이야기한다

	당신	나
예전의	예전의 당신	예전의 나
지금의	지금의 당신	지금의 나
앞으로의	앞으로의 당신	앞으로의 나

표 7. 내가 아닌 '당신'에 대해서는 잘 알지 못해서 이야기할 것이 없다. 예전의 나는 이미 결정되어 있고, 앞으로의 나는 어찌 될지 알 수 없어서 결국 이야기할 대상은 '지금'의 '나'뿐이다.

상대방에게 이야기를 잘하는 원칙은 아주 간단하다. 잘 아는 것 즉, '지금의 나'에 대해서만 이야기하면 된다. 위의 표를 보면 내가 확실히 이야기할 수 있는 것은 '지금의 나'밖에 없다. '나'가 아닌 '당신'은 일단 내가 잘 알기 어렵다. '앞으로의' 나는 어떻게 될지 모른다. '예전의' 나는 각자 기억하고 있는 내용이 다를 가능성이 크다. 그러므로 '지금의 나'를 제외한 수많은 대화의 경우들은 결국 평화롭게 대화를 마무리할 수 없는 주제들이다.

위의 주제들을 각각 혼합해서 봐도 마찬가지다. 시점과 상관없이 '당신'에 대한 대화는 싸움을 불러일으키기 딱 좋다. '예전의 당신'은 "예전에는 좋았는데 지금은?"이라는 반문을 받기 딱 좋고, 이 위기는 어떤 방법으로도 쉽게 벗어날 수 없다. '지금의 당신'이라는 주제는 "예전에는 안 그랬는데, 지금은 변했네?"라는 반문을 받을 수밖에 없고, 이것 역시 수습하기는 쉽지 않다. '앞으로의 당신'은 "당신이 지금 내 상황을 몰라서 그래. 지금 내 상황을 알면 그렇게 이야기 못할걸. 요새 나한테 무관심하네."와 같은 식으로 흘러가버리면 그 다음 역시 답이 안 나온다.

그래서 내가 제일 잘 아는 '나'에 대해서만 이야기해야 한다. 상대방에게 기대하는 것이 아닌 '나'의 상태, '나'의 기분과 감정에 대해서 알려주자. '나'에 대해서 이야기하기 전에 다짜고짜 상대방에게 요청하거나 불만을 터뜨리면 상대방은 당황할 수밖에 없다.

그리고 본인의 상태, 감정을 가장 정확하고 자세하게 이야기할 수 있는 '지금' 시점에 대해서만 이야기해야 한다. 아무리 부부라도 상대방에 대해서 이야기를 좋게, 잘하는 것은 굉장히 어렵다. 처음부터 끝까지 '나'에 대해서만 이야기를 시작해서 끝내자.

1) 대화의 목적을 명확하게 한다.

2) 꼭 해야 하는 말, 즉 상대방이 꼭 알아야 하는 내용을 미리 정리하고, 적당한 곳에 메모해서 보면서 이야기를 한다.

3) '나'에 대해서만 이야기한다.

이 세 가지만 지킨다면 알리고 싶은 내용을 전달하면서 대화할 수 있다. 혹 대화가 말다툼으로 넘어가더라도 할 말은 다 전달하고 싸울 수 있다. 할 말도 다 못하고 싸우면서 끝나면 얼마나 억울한가!

04. 부부싸움을 하지 않는 Top secret

이 장에서는 부부간에 싸우지 않고 살 수 있는 방법을 공유하려 한다. 인생에서 가장 소중한 것이 가정인데, 집에서 부부싸움을 하면서 보내는 것은 인생의 절반을 부부싸움으로 보내는 것이라고 할 수 있다. 또 집에서 싸우고 나오면 밖에서 일도 잘 될 리가 없다.

부부싸움을 하지 않는 아주 간단한 비결이 있다. 서로 대화를 많이 하는 것이다. 대화를 나누면 서로의 상태, 생각, 문제에 대해서 잘 알 수 있게 된다. '대화를 언제 해? 하루하루 살기 바쁘고, 집에서는 잠만 자기도 바쁜데.'라고 생각한다면 퇴근하고 난 다음, 혹은 주말의 생활을 떠올려보자. 보통 집에서 보내는 시간의 많은 부분을 TV가 차지하고 있다.

TV를 꺼야 한다. 아예 스위치를 켜지 말아야 한다. TV에 나오는 내용들은 당신의 삶과 아무런 연관이 없다. 연예인들이 맛집에 몰려다니면서 먹는 것을 왜 당신이 보고 있는가? 드라마 주인공의 실연에 왜 당신이 눈물을 흘리고 있는가?

TV를 꺼야 대화가 시작된다. 드라마를 보면서 이전 줄거리를 이야기하고, TV쇼를 보면서 웃는 것은 대화가 아니다. 부부는 서로에 대해서, 우리의 가정에 대해서, 아이들에 대해서 이야기를 나눠야 한다. 그런데 TV가 켜져 있으면 대화가 진행될 수 없다.

2011년 기혼자들 370여 명을 대상으로 한 설문을 보면, 하루에 평균 1시간~2시간 미만으로 TV를 시청하는 시간이 25%로 가장 많았고, 부부간 평균 대화시간은 30분~한 시간 미만이 28%, 10분이상~ 30분 미만이 22%였다. 결국 TV는 한 시간 이상 보면서, 부부간의 대화 시간은 한 시간도 안 되는 부부가 절반 가까이 된다는 내용이다.

당신과는 아무런 관계도 없는 드라마나 뉴스를 보느라, 정작 당신 배우자가 하는 생각이나 고민들을 알 수 있는 소중한 시간을 날려버리고 있는 것이다. 부부싸움이 시작되는 가장 근본적인 원인은 대화 단절로 인한 이해와 공감의 부족이다.

요즘 TV는 너무나 강력하게 시청자들을 소파에 잡아 앉혀버린다. 자극적이고 속도감 있는 컨텐츠들로 한 번 리모콘을 잡으면 이 채널에서 다른 채널로 수시로 넘나들어도 내용 파악에 전혀 문제가 없도록 만들어져 있다. 한번 TV를 켜면 다시 끄기가 너무나 어렵다. 사람들이 침대에 누워서 TV를 보다가 잠들기 직전에야 끄는 이유이다. TV는 아예 켜지 말아야 한다.

TV를 보지 않고 부부간에 대화를 하는 것이 가정생활에 도움이 된다는 조사 결과는 많다. 그 예로 우리 가정의 예를 잠깐 소개한다.

우리 부부의 결혼생활 중 주변 사람들에게 자랑스럽게 이야기할 수 있는 것 중에 하나가 우리는 부부싸움을 하지 않고 지내고 있다는 것이다. 보통 이런 이야기는 아래처럼 진행된다.

동료: "아내랑 잘 안 싸우세요? 저는 맨날 싸워요.."

나: "네, 저희는 아직 싸운 적이 없는데요. 결혼하기 전부터 아직까지 안 싸웠어요."

동료: "어떻게 안 싸워요? 둘이 되게 잘 맞나 보다."

나: "잘 맞는 것도 있지만, 저희는 서로 대화를 많이 해서요. 싸우기 전에 의견 조율이 되는 거 같아요."

동료: "대화할 시간이 언제 있어요?"

나: "저희는 TV를 안 보거든요."

동료: "그렇구나. 근데 결혼 5년이나 되었는데 할 말이 더 뭐가 있어요?"

왜 서로 할 말이 없는가? 출근해서 보내는 시간은 내가 모르는 시간이다. 그 시간 동안에 어떤 일들이 있었는지 궁금하지 않은가? 오늘 저 사람의 표정이 어떤 일 때문에 저렇게 밝은지 아니면 어두운지 궁금하지 않은가?

연애할 때는 밤새워서 전화통화와 카톡을 하다가 결혼하고 나면 서로 더 이상 할 말이 없다는 사람들이 많다. 서로 살을 맞대고 살기 때문에 속속들이 알만큼 잘 알고, 그래서 궁금한 것이 별로 없다고 생각한다. 하지만 오늘도 나에게는 새로운 일들이 생겼고, 나의 배우자에게도 마찬가지이다.

1분에 한 장씩 사진으로 찍으면 하루에만 1,440장의 사진을 찍는다. 500만 화소 사진 한 장을 3메가 정도로 보면 하루에 4.3기가, 즉 DVD 화질의 영화 한 편의 기록이 생기는 셈이다. 매일 각자 영화 한편을 찍고 있는데, 이것을 서로 나누지 않고 TV만 멍하니 보면서 시간을 보내고 있는 것이다.

이렇게 하루 이틀이 지나가면 상대방에 대해서 새롭게 아는 내용이 더 이상 없어지게 되고, 상대방은 내가 무관심하다고 느끼게 된다. 나에게 무관심한 상대와 무슨 이야기를 하겠는가? 결국 대화는 단절된다.

앞에서도 이야기했지만, 대화 단절로 인한 이해와 공감의 부족이 바로 부부싸움의 원흉이다. 게다가 한 번 부부싸움을 하고 나서 서로 대화를 재개하는 데까지 걸리는 평균 소통단절 기간이 3.5일이라고 한다. 이 기간 동안에는 회사 업무에 제대로 집중할 수 없음은 물론, 퇴근해서 귀가하기가 얼마나 괴로울지를 생각해 보라. TV를 안 보면 이런 괴로운 상황을 미리 예방할 기회를 살릴 수 있다.

TV를 안 보면 회사 동료들이나 친구들과 대화할 거리가 없을까 봐 걱정하는 사람들도 있다. 대화거리가 필요하다면 인터넷으로 기사를 보거나 포털에서 제공하는 3~5분짜리 영상으로도 충분하다. 그리고 당신의 동료들은 TV에서 본 이야기라도 자기들이 하는 것을 더 좋아한다. 그런 자리에서는 그들의 이야기를 듣고 거기에 대한 당신의 생각을 이야기하는 것으로도 충분히 대화에 낄 수 있다. 오히려 그들의 이야기를 들어준다고 '경청해 주는 사람'이라는 평도 얻을 수 있다.

TV를 켜지 않은 처음 며칠은 어색할 수도 있다. 유난히 벽시계 초침

소리가 들릴 수도 있고, 실없는 소리나 해댈 수도 있다. 퇴근길에 본 기억에 남는 일이라도 이야기하자. 할 말이 더 없으면 TV를 켜지 말고 일찍 잠자리에나 들자. 서로에 대해 잊고 살았던 새로운 사실들을 더 알 수 있는 기회가 생길 수도 있다.

05. 잠깐 시간 괜찮으세요?

회사 업무는 크게 두 가지가 있다. 내가 해야 할 일과 상사가 시키는 일.
두 가지 일이 일치하는 경우가 가장 바람직하지만, 그렇지 못한 경
우가 더 많은 것 같다. 일이 일치한다면 일을 두 번 세 번 하지 않아도
되지만, 일치하지 않는다면 여러 번 일을 해야 할 뿐만 아니라 시간에
도 쫓기게 된다. 결국 해야 할 일과 하는 일이 일치하지 않으면 직장생
활의 만족도는 떨어질 수밖에 없을 것이다.

할 일과 해야 할 일이 일치하지 않더라도 최소한 상사와의 커뮤니
케이션이 원활하게 이루어진다면, 내가 지금 하고 있는 일이 무엇인지
잘 알려줄 수 있다. 이 장에서는 원만한 커뮤니케이션을 통해서 상사

와 나의 업무에 대한 이해도를 같게 만드는 것으로 이런 어려움들을 돌파할 수 있는 방법에 대해서 알아보자.

상사와 일에 대한 이해를 같게 만든다는 것이 상사가 시키는 일만을 한다는 의미는 아니다. 그런 수동적인 자세를 갖고 생활한다면 결국에는 하나부터 열까지 모두 상사가 시켜야만 자기 일을 하는 사람이 될 것이다. 이렇게 되면 직장인의 자존감에 큰 영향을 주는 자율권, 재량권에 상처를 받게 된다. 조사 자료에 따르면, 업무에 대한 독립성과 재량권의 유무에 따라 행복도 점수에는 큰 차이가 났다(재량권이 있다 – 행복도 5.6점, 재량권이 없다 – 행복도 3.3점).

상사와 소통이 잘 되면 가장 좋은 점은 업무에 대해서 상사의 지원, 즉 독립적인 재량권을 얻을 수 있다는 것이다. 원활한 소통을 통해서 업무 효율도 끌어 올리고 재량권도 얻어서 조금 더 행복해져 보자. 상사와 원활한 소통을 하기 위한 세 가지 방법은 다음과 같다.

1. 상사가 업무를 지시했을 때 즉각 질문한다

다음 항목 중 한 가지라도 명확하지 않은 것이 있다면, 지시를 받는 그 자리에서 질문해서 확인해야만 한다. 마감 기한, 명확한 목표와 구체적인 기준, 진행 방법, 상사가 기대하는 결과, 도움을 받을 수 있는 사람. 이런 질문을 해대면 "이렇게 하나하나 다 알려줄 거면 내가 직접

하는게 낫겠다."라고 하는 상사가 있을 수도 있다.

하지만 위의 사항들을 우선 다 파악한 후 일을 시작하는 사람과 지시를 받자마자 자기 자리로 가서 키보드에 손을 올리는 사람의 업무 속도와 결과물의 완성도는 큰 차이를 보인다. 게다가 결과적으로는 업무의 결과물에 따라 나에 대한 평가가 점차 갈리기 때문에, 일을 본격적으로 시작하기 전에 상사를 조금 귀찮게 하는 방법은 오히려 효율면에서 압도적이다.

2. 상사에게 수시로 중간보고를 하고 소통한다

상사도 자신의 일이 있고 그의 상사가 있기 때문에, 나의 시간에 맞춰서 수시로 보고하는 것은 상사의 업무 흐름을 끊어버리는 꼴이다. 한 주가 금요일 오후부터 시작된다고 생각하고, 금요일 오후에는 상사에게 다음 주의 업무에 대해서 간략하게 보고하고 미리 지시를 받아 놓는 것이 좋다. 그리고 주중에는 아침에 10~15분 정도 그날 할 일과 그 전날 일을 업데이트 해주는 것이 좋다. 꼭 아침 시간대가 아니더라도 매주, 매일 정해진 시간에 상사에게 스스로 중간보고를 하여 나의 업무 진행 정도와 상태를 확인받도록 하자.

3. 자신의 능력치와 의지치를 냉정하게 분별하라

팀장에게 자기의 업무 성과를 뺏기고 뒤통수 맞았다는 사람들이 가

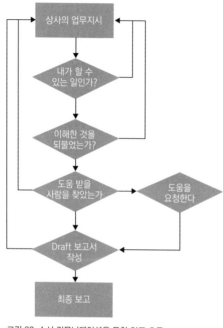

끔 있다. 하지만 당신도 당신 상사의 뒷통수를 칠 수 있다. 능력보다 과도한 의지치로 감당이 안 되는 업무를 맡았다가 막판에 나몰라라하는 경우가 그렇다. 어떻게 소통을 하건 회사에서는 결국 성과를 내서 상사의 인정을 받아야 한다. 하지만 본인의 능력 대비 의지만 너무 강하다 보면 상사와 팀에게 허언(虛言)을 날리는

그림 22. 수시 커뮤니케이션을 통한 업무 흐름

경우가 생기게 되고, 반복되는 경우에는 '양치기 소년'으로 전락하는 경우가 많다.

결국 상사로부터 능력을 인정받고 일 잘한다는 평가를 받는 길은, 자기 능력을 정확하게 파악하여 자신이 할 수 있는 일을 맡아서 그 약속을 지키는 것뿐이다. 일이 제대로 되지 않는 직원과 상사와의 원만한 인간관계는 그저 쓸데 없는 로망일 뿐이다. 자신의 능력치를 분별

하여 막판에 상사의 뒤통수를 치는 일이 없도록 하자.

자 이제, 내가 해야 할 일과 상사가 시키는 일이 일치하는 경우와 아닌 경우, 각각 어떻게 처리되는지 그 상황에 대해서 살펴보자.

내 일이 상사가 기대하는 결과를 내는 일이라면, 그 일에 대해서 상사는 나를 도와줄 것이다. 결국 내가 실무를 맡고 있다고 해도, 상사의 지원과 응원을 받는다면 그 속도는 굉장히 빠를 것이다. 결과물 또한 상사가 이미 개입을 했기 때문에, 결과물에 대한 평가도 일정 수준 이상은 될 것이다.

반면 내 업무가 상사가 기대하는 것과 크게 관계없는 일이라면, 그일은 쓸데없는 데 시간을 쓰는 것으로 보일 수 있다. 나는 내 일을 하는 동시에 상사가 지시하는 일을 따로 처리해야 할 수도 있다. 지금 하고 있는 일은 '내' 일이고, 상사가 지시하는 일은 '우리'의 일이기 때문이다. 이런 경우는 소통이 없다면 점점 더 힘들어질 수 있다. 더욱더 적극적인 소통이 필요하다. 내가 지시 받지 않고 지금 하고 있는 일(상사에게 지시 받지 않은 일)을 왜 해야 하는지에 대한 이유를 상사에게 확실하게 이해시켜야 한다. 상사가 이해하지 못하는 경우, 하고 있던일을 강제 중단해야 할 수 있고, 최악의 경우 이 일 때문에 상사가 지시한 일이 제대로 진행이 안 되고 있다는 오해를 받을 수도 있다.

회사 일을 하면서 이런 오해를 미연에 방지하려면, 먼저 내가 지금

하고 있는 일의 중요성과 의미에 대해서 설명해 놓는 것이 좋다. 시시콜콜 설명할 필요 없이 두세 문장으로 짧게 설명하면 된다. 화가가 밑그림을 그릴 때 윤곽부터 빠르게 그려나가듯 상사가 큰 그림을 알 수 있도록 간략하게 설명하는 것이 좋다. 이 일을 다 했을 때의 결과부터 이야기한다. 그리고 그 전체 과정에서 지금 어디쯤에 있는지 정도만 이야기하면 된다. 그렇게 설명한 다음, 그때 생기는 상사의 궁금증을 짧고 간단하게 풀어주도록 하자.

상사와의 대화는 수시로, 미리미리, 혹은 따로 잠시만 시간 내면 된다. 기회를 봐서 이렇게 말을 건네는건 어떨까?

"잠깐 시간 괜찮으세요?"

커피는 사주겠지.

Part 6

행복과 성공의 밸런스;
착한 이기주의 실천하기

01. 사진을 찾아라

우리 가정을 내가 생각하는 대로 꾸려가고 싶은가? 내 직장생활이 어떤 방향으로 흘러갔으면 좋겠다고 생각해 본 적이 있는가? 이 장에서는 당신이 생각하는 삶의 가능성을 최대로 끌어올리는 방법을 공유하고자 한다.

삶에서 자아성취를 하는 장소가 직장이라면, 언제든 돌아가서 마음을 편하게 내려놓을 수 있는 곳은 가정이다. 어감상 '내 집'은 my house라면 '우리 집'은 'my home'이다. 결혼을 준비하고 있거나 막 결혼한 사람이라면 '우리 집'을 어떻게 만들어갈 것인지에 대한 고민과 그 고민에 대한 배우자와의 공감이 반드시 필요하다. 결혼생활은 혼자가 아니라 배우자가 있는 상대적인 것이기에 두 배우자 간의 공감과 의견일치가 '우리 집'을 만들어가는 가장 중요한 원료가 된다.

배우자 혹은 애인과 이런 이야기를 나눠본 적이 있는가?

"당신이 생각하는 우리 결혼생활은 어떤 모습이야?"

"당신은 어떤 커리어를 쌓아가고 싶어?"

"우리 아이들은 어떤 모습으로 자랐으면 좋겠어?"

이야기를 했을 수도 있다. 대화를 통해서 꿈꾸는 미래에 대해서 의견을 일치시켜보려고 노력했을 수도 있다.

둘이 생각하는 그림이 같은가? 결혼생활에 대해서 이야기를 나누어 봤다는 친구나 후배들은 이런 식으로 의견 일치를 봤다고 하는 경우가 많았다.

"우리 살면서 힘들 날들도 있겠지만, 서로 이야기 잘 들어주고 주말에는 푹 자고 외식하자. 아이는 혼자는 심심할 테니까 조금 힘들어도 둘 낳으면 서로 잘 놀 거야. 집은 출퇴근 편하게 회사 근처면 좋겠는데, 서울 집값이 많이 비쌀 테니 교통 편한 경기도도 괜찮아."

둘이서 이야기는 나눴지만 둘이 생각하는 모습이 구체적으로 어느 수준까지 일치할지 알 수 없다. 한 가정에서 함께 살아가는 부부가 미래에 대해서 한 방향으로 같은 생각을 하고 있다면 그 에너지는 상승

서로 다른 방향을 보면 에너지는
0이 되어버린다.

비슷한 방향을 보고 있어도
일치하지 않으면
시너지가 일어나지 않는다.

같은 방향을 볼 때
시너지가 일어난다.

효과(Synergy effect; 시너지 효과 1+1 >2)를 갖게 된다. 각자 조금 다른 생각을 하고 있다면, 한 방향으로 밀어붙이는 파워가 조금 떨어진다. 그러므로 배우자와 나의 생각을 일치시키는 연습을 해보자. 이 연습을 통해서 '우리 집'에 대한 또렷한 그림을 그릴 수 있다. 그리고 그 그림을 완성하기 위해서 '내'가, 그리고 '배우자'가 어떤 모습으로 기여해야 할지 역할 분담까지 할 수 있다.

1. 우리 가정의 사진을 찾아라

부부가 각자 해보는 것이 좋다. 우선 내가 생각하는 우리 집을 한 번 떠올려보자. 그림을 잘 그린다면 그림을 그려도 좋다. 그림을 그리는 것이 익숙하지 않다면 사진을 찾아도 좋다. 인터넷에는 무한한 사진

220

들이 널려 있다. 검색창에서 자기가 생각하는 가정에 관련된 단어를 아무것이나 입력해서 찾아보자. 찾아낸 사진들에는 다음과 같은 이미지들이 포함되어 있을 수 있다.

진짜 집 모양(아파트, 전원주택, 정원의 유무), 배우자의 모습, 결혼식 모습, 아이들의 모습(자녀들의 성별), 같이 기르는 애완동물의 종류와 그 수, 나이 들었을 때의 모습 등등.

이렇게 자신이 생각하는 이미지들을 찾아 조합시켜서 그 전체적인 모습을 완성하였다면 배우자에게 보여주자. 각각의 이미지에 대해 생각하는 내용을 설명하면서, 내 생각이 잘 전달되었는지 대화를 나눠 확인해 보자.

그리고 같은 작업을 한 배우자에게 같은 방식으로 설명을 듣고, 그 설명에 대해서 대화를 나눠보자. 처음부터 사람의 생각이 같을 수는 없다. 30년을 따로 자라왔으니 분명 각자 생각하는 모습 또한 다를 것이다.

지금 굳이 여기서 찾은 생각의 차이를 좁히기 위해서 대화를 오래할 필요는 없다. 지금은 둘이 생각하는 가정의 이미지에 어느 정도 차이가 있음을 확인하는 것으로 충분하다.

2. 나의 모습을 사진으로 찾아라

다음에는 '나'의 모습을 같은 방법으로 그리거나 찾아보자. 여기에는 아래와 같은 그림들이 있을 수 있겠다.

깔끔한 블랙 수트를 입은 모습, 탄탄하고 군살 없는 근육질 몸매, 뜨거운 태양 아래 시원하게 서핑하는 모습, 녹음이 우거진 산 속을 혼자 혹은 배우자와 함께 등산하는 모습, 넓고 잘 가꾸어진 그린을 라운딩 하는 모습, 자녀의 결혼식을 지켜보는 모습, 늙어서 병들어 있는 모습, 죽어서 관 속에 누워 있을 때 나를 사랑해 준 사람들에게 둘러 싸여 있는 모습 등.

앞서 '우리 집'에 대해서 배우자와 나눈 것과 동일한 방법으로 대화를 하자. 이번에는 배우자와 내가 그리고 있는 각자의 '나'의 모습이 생각보다 차이가 많이 나는 것을 보고 놀랄 수도 있다. 사람들이 이상적으로 생각하는 '우리 집'의 모습은 어느 정도 정형화가 되어 있다. 하지만 각자가 생각하는 자신의 모습은 100명이면 100가지의 모습이 나오고, 또 그 모습이 자신의 배우자라고 생각하면 거기에 대한 또 다른 의견과 생각이 생기기 때문이다. 하지만 역시 지금도 이 생각의 차이에 대해서 이야기를 할 필요는 없다.

3. 나의 배우자의 모습을 사진으로 찾아라

마지막으로 할 일은 내가 생각하는 '우리 집'에서 나의 '배우자'에 대한 사진을 찾아보는 것이다. 이미 두 번 해봤으니 마지막은 더 쉬울 수도 있다. 아마 아래와 같은 내용들이 포함될 수 있다.

내가 일어났을 때 아침을 준비하고 있는 아내, 혹은 내 손에 물 한 방울 안 묻히도록 집안 일이며 설거지며 모두 다 하고 있는 남편, 아이들과 놀아주면서 마당에서 뒹구는 남편, 혹은 주말에 내 팔짱을 끼고 백화점에서 즐겁게 쇼핑을 하는 아내, 아니면 주말에 둘이서 편하게 잠옷 차림으로 침대에서 같이 뒹굴뒹굴 하는 모습 등.

한꺼번에 '우리 집', '나', '배우자' 이렇게 세 번 모두 대화를 나눌 수 있을 만큼 시간을 내기 어렵다면, 한 번씩 나눠서 이야기를 하자. 오히려 매번 조금씩 생각의 차이를 확인하면서 진행하면, 그 다음 이미지에 대한 의견 차이가 줄어들 수도 있다.

이렇게 이미지를 찾아서 이야기를 나누면 말로 일일이 설명이 안 되는 것에 대해서 선명하게 보여줄 수 있다. 선명한 그림 하나가 백 마디 말보다 낫다. 아무리 말로 설명을 잘 한다고 해도, 내가 설명하는 그림과 들으면서 머리 속에 그리는 그림은 차이가 있을 수밖에 없기 때문이다.

이 연습을 하기 전의 부부생활은 동상이몽이었을 것이다. 결혼 전에 둘이 많은 대화를 나누었고 같은 집에서 얼굴 맞대고 살고 있었지만, 부부가 완전히 일치하는 생각을 하고 있다고는 할 수 없었을 것이다. 하지만 이제 부부가 머리 속에 갖고 있는 그림을 일치시키는 방법을 알게 되었다. 이 방법을 편안하게 사용할 수 있게 되면 우리가 원하는 '집(home)'을 만들어갈 굉장한 추진력을 가질 수 있게 된다.

'집', '내 모습', '배우자의 모습'을 만들어가는 방법을 익혔다면, 당신 생활의 전반에 하나 하나 적용해 보자. 이 방법을 적용하기 전과 후의 큰 변화가 빠른 시간 내에 찾아올 것이다.

02. 돈, 성공에 상관없이 행복해지는 법

이따금 우리가 할 수 있는 가장 주도적인 일은 행복하게 느끼는 것,
즉 진심으로 웃는 것이다.
행복은 불행과 마찬가지로 하나의 주도적인 선택이다.
-스티븐 코비 『성공하는 사람들의 7가지 습관』 중에서

주도적인 삶과 우리의 행복은 무슨 연관이 있을까?

내 인생을 내가 주도하면 행복할 것 같기는 한데 '주도적 삶'이라는 것이 대체 무슨 뜻인지 모르겠다. 나는 자기계발서에 있는 이런 말들이 잘 와닿지 않았다. 많은 생각을 한 결과, '주도적 삶'이란 내 인생이라는 자동차의 운전석에 내가 앉아 있다는 말일 거라는 나름의 결론을 내렸다. 운전석의 핸들과 액셀, 브레이크를 내 마음대로 조정한다는 뜻이라고 말이다. 이렇게 자신의 인생을 스스로 주도할 능력이 있는 사람들이 행복하다는 연구 결과가 있다. 마이클 마멋(M. Marmot, 런던대학 공중보건학 교수, 국제건강사회센터 소장)이라는 사람이

'사회적 지위 신드롬(the State syndrome)'이라는 현상을 발표했다. 사회적 지위가 높은 사람일수록 더 건강하고 장수한다는 것이다. CEO가 팀장보다, 박사가 학사보다 건강하게 오래 산다는 말이다. 사회적 지위가 높은 사람이 무병장수하는 이유는, 사회적 지위가 높은 사람일수록 삶에 대한 지배력, 예측 가능성, 다양한 자원, 위험에 대한 분출구, 사회에 개입하고 참여할 기회를 더 많이 가지기 때문이란다.

그들의 많은 돈과 높은 지위도 부러운데, 서민들보다 더 건강하고 오랫동안 행복하게 산다니 억울하고 부러울 따름이다. 하지만 다행스러운 건 우리 같은 서민들도 회장, 사장 부럽지 않게 행복하게 살 수 있는 방법이 있다는 것이다. 부나 소득, 혹은 사회적 지위가 행복의 핵심은 아니기 때문이다.

핵심은 '내 삶에 대한 지배력, 통제력'이다. 마멋 교수는 자기 인생을 스스로 얼마나 컨트롤하고 있는가 하는 '삶에 대한 지배력'에 행복이 달려 있다고 한다. 단지 돈과 지위만 중요한 것이 아니라 스스로 자신의 삶을 얼마나 지배하고 있는가 하는, '자기주도적인 삶'의 자세야말로 가장 중요한 핵심 요소인 것이다.

보통 사람인 우리가 삶에서 주도할 수 있는 곳은 크게 두 영역이 있다. 계속 반복하고 있는 직장과 가정이 그것인데, 이 두 마리 토끼 중 한 마리만 잡아서는 우리의 인생을 행복하다거나 성공했다고 이야기하기는 어렵다. 직장과 가정에서 모두 행복해져야만 우리의 인생이 성공했다고 이야기할 수 있을 것이다. 즉 직장과 가정 모두에서 우리가 주도적인 생활을 한다면, 이 두 마리 토끼를 다 잡고 행복한 인생을 살 가능성이 높아진다고 할 수 있다.

"회사에서 내가 진행해 보고 싶은 프로젝트가 있고, 성공하면 큰 성취감을 얻을 수 있을 텐데 상사 눈치가 보여 그럴 수 없다."

"휴가를 잠깐 냈으면 하는데, 분위기 상 말도 못하겠다."

"회사를 그만두고 쉬어보고 싶은데 그럴 수 없다."

"훌쩍 여행을 떠나보고 싶은데, 업무 때문에 그럴 수 없다."

"충실한 가정생활도 좋지만, 나는 나만의 개인적인 시간을 갖고 싶다. 하지만 배우자의 눈치가 보여서 그럴 수 없다."

"아이들을 데리고 남들처럼 캠핑을 가보고 싶지만, 짐 챙기는 것과 비용이 엄두가 안 난다."

뭔가 해보려고 하면 이런 핑계와 변명 같은 생각들이 꼬리를 물어 실행을 망설이게 한다. 뭔가를 할 때의 이유가 '해야 하니까'가 되면 주도권을 쥘 수가 없다. 꼭 나라를 잃어야만 식민지가 아니다. 남이 시키는 대로 이유 없이 생활한다면 그것이 식민지 상태인 것이다. 거창하게 주도권을 되찾자며 독립을 소리쳐 외칠 필요는 없다. 아무도 모르게 시작하자. 팀장님이 몰라도 된다. 남편과 아내가 몰라도 된다. 나만 알면 된다. 다른 사람들이 개입하게 되면, 삶이 자신의 통제를 벗어나 주변 사람들이나 환경에 끌려다닐 수 있고, 행복감이 떨어진다.

지금 당장 보이는 종이(없다면 이 책이 귀퉁이 여백에라도)에 하고 싶은 일들을 떠오르는 대로 적어놓자. 적었다고 당장 이걸 완료하기 위해서 뭔가 할 필요는 없다. 다만 이렇게 일단 적어두면 한 번 더 마음에 각인되는 효과가 있다. 적어둔 항목 중에 제일 만만한 놈을 하나 생각하고 있자.

적어두고 생각하는 것만으로도 갑자기 그 일을 할 수 있는 기회가 나타난다. 적어놓지 않았다면 그냥 지나가버릴 순간이 기회가 되는 것이다. 내가 하고 싶은 것이 무엇인지도 모르는 상태라면, 그 타이밍이 기회인지도 모르고 지나가버린다. 하지만 생각해서 적어두고 그중에 만만한 놈을 하나 벼르고 있으면 그 기회가 보인다.

없던 시간이 생기는 것도, 없던 돈이 생기는 것도 아니지만 불현듯 '지금 이걸 할 수 있겠는데?'라는 순간이 온다. 그때가 바로 그 일을 할 타이밍이다.

그렇게 해낸 일이 대단할 필요는 없다. 그 일을 했다는 사실은 나만 알면 된다. 작은 일 하나를 해치우면 '성공했다는 자각'이 생긴다. 이 성취감이야말로 사람들의 행복에 가장 큰 영향을 미치는 것이다. 크건 작건 내가 원했던 것, 목표로 했던 것을 달성했을 때 제일 행복해질 수 있다. 작은 일이라도 자신의 삶을 마음먹은 대로 꾸려 나간다고 생각하면 행복감을 느낀다. 내 행복에 가장 큰 영향을 미치는 것은, 내 삶의 운전대를 내가 잡고 있다는 기분, 즉 주도적인 기분, 삶에 대한 통제력이기 때문이다.

내 인생의 주도권을 되찾아오자. 땅따먹기를 할 때처럼 작은 것부터 야금야금 되찾아오자. 스스로 주도적인 삶을 살 때 행복감이 높아진다. 독립해서 행복해지기를 선택하자.

03. 전하고 또 전하라

아무리 생활에서 밸런스를 잡고 싶다 하더라도, 나의 상황이 극단적인 경우에 처해 있다면 혼자의 힘으로는 도저히 어려운 경우가 있다. 이 장에서는 이런 경우 어떻게 주변의 도움을 받아야 하는지에 대해서 알아보자. 혼자보다는 둘이 함께하는 것이 훨씬 낫다.

2001년 『연금술사』는 '간절히 원하는 것은 온 우주가 도와준다'는 내용으로 베스트셀러가 되었다. 2007년 『꿈꾸는 다락방』은 '간절히 원하고 생생하게 그리면 그대로 된다'는 유명한 사람들의 수많은 성공사례들을 우리에게 보여줬다. 그 책들을 읽고 많은 사람들이 자기들의 생활에 적용해 보았을 것이다. 실천해 본 사람들은 알 것이다. 간절히 바라는 것을 한 가지 만들어서 늘 그것만 생각하는 것은 생각보다 어렵다. 눈에 보이듯이 생생하게 그려보고 화두의 끈을 놓지 않고 실천하는 것은, 굉장한 에너지를 그쪽으로 늘 쏟아 붓고 생활하는 것이다.

　나는 내 생활의 밸런스를 잡고 싶었다. 일도 열심히 제대로 하고 싶었고, 가정에도 충실하고 싶었다. 하지만 일은 하루에 열여섯 시간을 해도 줄어들지 않았다. 일의 효율성도 문제였고, 일의 절대적인 양도 문제였다. 이렇게 극단적으로 균형이 어긋난 상황에서 나 혼자의 힘으로 이 상황에서 탈출하는 것은 불가능했다. 아무리 머리 속으로 '밸런스', '균형'을 갈망해도 전혀 소용이 없었다. 이때는 주변 사람들의 도움이 필요하다. 주변 동료들, 가정이라면 배우자에게 적극적으로 도움을 요청해야 한다.

　떠들고 다니는 것은 다시 말해서 입으로 소리내서 이야기를 하는 것이다. 보통 직장에서 티타임이나 점심시간에 하는 이야기라곤 '일 이야기'이거나 '신세한탄' 같은 것들이다. 하지만 지금부터는 그 주제를 바꾸자. 사람은 입으로 말하는 대로 되기 마련이다. 내가 생각하고 그리고 있는, 나의 퇴근 후 생활에 대해서 이야기하는 것이다. 앞서 이야기했던 대로 가능한 상세하고, 가능한 선명하게!

동료들에게 이야기할 때 내가 그 상태가 된다면 느낄 기분도 함께 이야기하는 것이다. 예를 들면 "집에 일곱 시 정도 들어가서 아이들 목욕 시켜주면 정말 행복할 거야." "어린이 집에서 뭐 했는지 아이에게 들어보면 되게 웃길 거야."처럼 말이다.

이렇게 동료들에게 이야기하는 것으로 뭐가 바뀔 수 있냐고 할지도 모르겠다. 하지만 이 이야기를 다섯 번, 열 번 반복해서 이야기하는 동안 동료들은 내가 원하는 생활이 어떤 것인지 알게 된다. 내가 생각하고 있는 생활을 완전하게 알지는 못하지만, 내가 무슨 생각을 하고 어떤 생활을 원하는지는 알 수 있게 된다. 그렇게 되면 그들은 당신에게 도움과 에너지를 주게 된다. 당신이 집중해서 일을 하고 있을 때, 당신이 업무에 허덕이고 있을 때, 상사가 갑작스러운 일을 던져줄 때 그들은 당신을 응원하게 된다. 마음속으로 응원할 수도 있고, 여유가 허락된다면 일손을 도와줄 수도 있다.

동료들에게 도움을 청하는 방법은 쉽다. 간단하게 정리하자면, 내가 원하는 나의 모습을 구체적으로 생각해 본 다음에 동료나 상사에게 '이 모습이 내가 원하는 내 생활'이라고 이야기한다. 그리고 내가 도움을 받을 수 있는 부분을 요청하면 된다. 이야기를 꺼내기가 막막하다면 아래의 순서를 따라해 보자.

1. 내가 원하는 나의 생활을 구체적으로 그려보고 생각해 본다. 이때는 상황 하나하나를 세세하게 그려본다.

2. 나의 지금 상황을 구체적으로 묘사해 본다. 이때 '너무 힘들다', '체력이 딸린다', '시간이 모자란다' 등의 감정적인 상황은 배제하는 것이 중요하다. 나의 감정을 제외하고, 나의 업무가 무엇이고 프로젝트는 어떤 것이 진행되고 있는지, 업무가 나에게 주어지는 프로세스를 파악하자.

3. 내가 원하는 생활과 지금 상황의 괴리가 어떻게 만들어졌는지를 확인하고, 그 부분을 정확하게 동료와 상사에게 요청해 본다.

"집에 여덟 시까지는 가서 아이들 목욕을 시켜주고 싶습니다. 그런데 지금 하고 있는 보고서 작성에서 자료 정리가 계속 밀리고 있는 상황입니다. 제가 수집해 놓은 자료들은 OOO인데 여기서 XXX 대한 내용만 뽑아서 정리하면 될 것 같습니다. 도와주실 수 있으세요?"

도와준다고 하면 해결되는 것이고, 혹시 자기 일 때문에 안 될 것 같다고 한다면 두 번째 질문을 해보면 된다.

"그럼 지금 하고 있는 일보다 이 일이 더 급한 일 같은데, 이 보고서 작성을 먼저 하고 지금 하는 일은 내일 오전에 마무리해도 될까요?"

상사라면 당신의 이런 제안에 대해서 결정을 내려줄 것이고, 동료라면 적절한 조언을 해줄 것이다.

커피 한잔 마시자고 우르르 같이 내려가서 신세한탄 하는 것은 전혀 도움이 되지 않는다. 신세한탄으로는 10분이건 한 시간이건 절대 문제가 해결되지 않으며, 답을 구할 수 없는 행동이다. 그저 시간 낭비로, 동료의 시간만 앗아갈 뿐이다.

사람들은 직장에서의 일이 제로섬 같다고 생각한다. 내가 이 일을 하지 않고 미루면 동료가 하게 된다거나, 내가 밤을 새더라도 마무리 해야만 하는 일이라고 생각한다. 그래서 다른 일을 열심히 하고 있는 동료에게 그 일을 부탁하지 못한다. 내 일을 덜어서 동료의 일거리를 얹어주는 꼴이라 생각하기 때문이다.

하지만 시간이 해결해 주는 것도 많다. 이런 일들은 아무것도 하지 않아도 시간이 흐르면 잊혀진다. 회사마다 부서마다 이런 일들을 처리하려고 허덕이다가 허무하게 끝났던 적이 있을 것이다. 보통 당일에 급박하게 떨어지는 보고서 작성 같은 것이 그렇다. 시킨 사람이 시킨 일을 잊어먹는 그런 일들…. 아마 직장인들이라면 이런 경험이 여러 번 있을 것이다. "당장 해서 보내줘!" 라고 해서 다른 일들 다 제쳐두고 만들어 보냈는데, 파일을 열어보지도 않거나 코멘트 하나 주고 묻혀버리는 일들이 있다. 이런 일들은 그 일을 시키는 사람들도 그들의 상사에게서 갑자기 떠맡은 일들일 가능성이 크다.

그러므로 급박하게 떨어지는 일들은 '이 일이 왜 필요하며 꼭 새로 해야만 하는 일인가?' 다시 한 번 확인해 보자. 기존에 있는 자료들로 커버가 된다는 것이 확인되면, 다시 하지 않아도 될 것이다. 시키는 일을 하지 말라는 것이 아니다. 꼭 필요한 일인지 한 번 더 확인하는 것만으로도 상당히 많은 일을 줄일 수 있다는 점을 기억하라.

내가 생각하는 내 모습을, 내 생활을 주변 사람들에게 늘 이야기하고 다니자. 그래서 그들이 당신이 원하는 생활을 함께 그릴 수 있다면 그들이 당신을 도와줄 수 있다. 함께 일하는 가까이 있는 사람들의 응원은 생각보다 큰 힘이 된다. 직장생활은 혼자서 하는 것이 아니기 때문이다.

04. 백지장도 혼자 들면 무겁다

이 장에서는 협업과 위임의 중요성과 그 기술에 대해서 이야기하고자 한다. 자신의 역할을 너무나 중요하게 생각한 나머지, '내가 아니면 안 된다'고 생각하면 안 된다는 말이다. 회사와 가정에서의 일을 혼자서 다 해내면 빨리 지치고 만다.

슈퍼히어로 영화를 좋아하는 사람이 많을 것이다. 마블, DC 코믹스 등에는 수많은 슈퍼영웅 캐릭터들이 있다. 그동안은 외로운 영웅이 악에 맞서 혼자서 고군분투했는데, 〈어벤저스〉에서부터 달라진 점이 있다. 〈어벤저스〉는 많은 영웅들이 서로 협력을 한다. 서로 강점을 살리면서 서로서로 보완하는 역할을 하고 있다.

일을 해야 하는 사람이 회사에 당신뿐이라면 혼자서 고군분투할 수밖에 없을 것이다. 하지만 우리가 일하고 있는 조직은 그렇지 않다. 많은 직원들이 있고, 같은 팀에서 비슷한 일을 하고 있는 팀 동료들도 있다. 설사 팀 동료가 없다고 해도 상사가 있을 것이다. 가정에서도 마찬가지로 부모님, 배우자, 자녀들이 있다. 본인에게 도움을 줄 수 있는 사람이 주변에 가득한데, 어찌하여 스스로를 가장 지치고 힘들게 만들면서 일하려고 하는가?

회사에서

회사에서 보고서를 작성하라는 업무가 생겼을 때를 생각해 보자.

이 일을 혼자서 하게 되면, 업무는 아래와 같은 한 개의 라인을 타고 진행이 된다.

자료 수집 〉 자료 분석 〉 자료 가공 〉 보고서 작성 〉 검토 〉 최종 보고

이런 순서라면 일이 진행되는 가운데 또 다른 중요하고 급한 지시가 떨어질 경우, 기존의 업무는 중단되고 더 이상 진행할 수가 없게 된다. 다른 누군가 이 일을 도와줄 수 없는 구조이기 때문이다. 그리고

이런 상황은 일을 하는 중에 수시로 발생한다.

업무를 진행할 때는 관련 있는 사람들을 개입시키는 것이 좋다. 각 단계에서 자료를 갖고 있거나, 분석을 잘하는 사람에게 미리 조언을 구하거나 부탁을 하는 것이다. 글로 적어 놓으면 쉽고 당연해 보이지만, 의외로 이렇게 일하는 경우가 적다. 다른 사람들에게 일을 부탁하고 물어보는 게 꼭 자기가 해야 할 일을 다른 사람에게 떠넘기는 것처럼 느껴질 수도 있기 때문이다. 그러므로 동료를 나의 업무에 개입시키기 위해서는, 회사 동료들의 R&R을 정확하게 파악하고 있는 것도 중요하지만, 그들이 불편하지 않게 친근하고 정중하게 부탁하는 것 역시 중요하다.

회사의 다른 자원(동료)들의 지원을 받을 수 있다면, 업무 자체에 대한 부담을 상당히 줄일 수 있다. 업무를 혼자 맡아서 진행하면 일이 중단될 경우 일 자체가 스톱이 되어버릴 수도 있고, 전문성도 떨어질 가능성이 있다. 수집한 대용량의 자료를 정리하는데 엑셀을 돌리고 그래프와 차트를 -내가 회사에서 제일 잘하는 게 아니라면 - 잘하는 사람에게 부탁하면, 내가 하는 시간의 반도 안 걸릴 수 있다.

중요한 건, 보고서를 작성하는 과정에서 꼭 내가 해야 하는 부분이 어느 것인지를 파악하는 것이다. 특정 사안에 대한 나의 보고서인데, 다른 사람의 의견이 들어간다면 내가 책임을 지기는 힘들다.

다른 사람들의 도움을 받아 내가 책임 지는 보고서를 만들기 위해서는, 각 단계에서 내가 어느 정도로 개입해야 하는지를 파악해야 한다. 물론 본인이 잘 파악한다면 좋겠지만, 잘 판단하기 어려운 경우에는 그 업무를 지시한 사람에게 확인해 보는 것이 가장 좋다. 그 사람이 원하는 내용을 가장 정확하게 알아낼 수 있기 때문이다.

집에서

집에서의 경우를 생각해 보자. 집안일은 업무는 아니지만, 분명 협업과 분업이 필요한 영역이다. 혼자서 생활하는 곳이 아니기 때문이다. 가정에서의 분업과 협업은 보통 가사 분담으로 나타난다. 사실 집에서는 가사 분담만 합리적으로 명확하게 잘 되어 있다면 부부간의 다툼의 상당 부분을 줄일 수 있다. 가사 분담으로 인해 마음 상하는 것이 부부다툼의 가장 큰 원인이기 때문이다.

가사 역할 분담이 명확하지 않고 서로에 대한 막연한 기대에 의지하는 경우에는, 좋을 때는 좋지만 둘 다 피곤한 경우에는 신경전을 피하기가 어렵다. 가사 분담도 최대한 세세하게 나눠서 부부가 협의해야 한다. '밥은 내가 할 테니 청소는 네가 하는 걸로 하자'는 식의 대강 나눈 역할 분담은 하나마나인 분담이 될 것이다.

분류	해야 할 일	누가 (남편, 아내, 아이)	소요시간	해야 할 때
빨래	속옷		5분	이틀마다 저녁
	옷 맡기기		10분	매주 금요일 퇴근 후
	옷 찾기		10분	매주 월요일 퇴근하면서
	커튼		1시간	매주 마지막 일요일
	베개, 이불커버		1시간	매주 토요일
	세탁기 돌리기		1시간	매주 토요일
	세탁물 구분하기		10분	이틀마다 샤워할 때
	옷 개서 넣기		20분	2일 마다 샤워할 때
아이 돌보기	아침에 깨우고 씻기기		10분	매일 출근 전
	아침 먹이기		20분	매일 출근 전
	등원시키기		10분	매일 출근 전
	하원시키기		15분	매일 퇴근 후
	저녁 먹이기		40분	매일 퇴근 후
	목욕시키기		30분	매일 퇴근 후
	놀아주기		1시간	매일 저녁식사 후
	책 읽어주기		20분	매일 저녁식사 후
청소	어질어 놓은 물건 정리		10분	매일 저녁식사 후
	청소기 돌리기		20분	매일 퇴근 후
	스팀청소기 돌리기		30분	매일 퇴근 후
	걸레 빨기		10분	스팀청소기 후
	가구 닦기		20분	매주 수요일 저녁
	냉장고 정리, 청소		20분	매주 토요일 아침
	신발장 정리		10분	매주 토요일 아침
	침대 정리		15분	매일 기상 직후
식사 준비 설거지	장보기		20분	매주 토요일 어플로
	아침식사 준비		20분	매일 저녁식사 후

그림 26. 상세 가사 분담표

위와 같이 우리가 집에서 하는 가사 업무를 최대한 자세하고 세세하게 적어놓고 명확하게 구분하자. 이 표를 만들 때는 혼자서 끙끙거리지 말고 배우자와 같이 앉아서 정하는 것이 좋다.

회사에서는 나 혼자서 세상을 구하는 고독한 영웅이 되려고 하지 말고, 동료들을 개입시켜서 '어벤저스'가 되어보자. 업무 부담이 줄어드는 것은 물론이고 결과물의 전문성도 최대한 끌어올릴 수가 있을 것이다.

가정에서도 서로 감정 상하지 않게 미리 가사를 구분지어 놓자. 서로 동의할 수준으로 구분되어 있다면, 내가 힘을 더 들여서 배우자의 일을 도와줄 경우에는 상대방이 확실히 고마워할 것이다. 나는 도와준다고 일을 했는데 상대방이 당연히 여긴다면 나는 서운함을 느낄 수밖에 없을 것이다.

백지장도 혼자 들면 무겁다.

05. 세뇌를 시켜라

이런 상상을 해보자.

내가 하고 싶은 일이 생겼다. 나는 꼭 될 거라고 자신만만하다. 아내에게 말했더니 "당신 생각과 내 생각이 같아요. 하고 싶은 대로 해보세요."라며 응원하고 적극적으로 도와주려고 한다. 내가 직장에서 해보고 싶은 프로젝트가 있다. 팀장님이 "내가 무엇을 도와주면 될까?", "너라면 잘 할 거라고 믿기 때문에 걱정은 안 해. 잘 될 거야."라며 격려해 주고 도와주려 애쓴다.

이렇게 주변 사람들에게서 지지와 격려를 받는다면 얼마나 기분 좋을까? 신이 나서 일을 할 것이다.

자, 이제 살면서 이런 경험을 해본 적이 몇 번이나 되는가 생각해 보자, 이런 지지를 받아본 적이 언제였고, 어떤 내용이었는지 기억나는가? 보통 누군가에게 마음속에 있는 이야기를 하면 걱정과 염려를 받고 시작한다. 그러면 스스로 의기소침해져 변명거리를 만들어내고 결국 흐지부지 된다.

이번 장에서는 앞의 기분 좋은 상상과 같이 내가 나뿐만 아니라 내 주변의 가까운 사람들(배우자, 자녀, 동료 등)에게 내가 원하는 영향을 미칠 수 있는 방법에 대해서 공유하고자 한다. 이 방법을 익히게 되면, 내가 하고 싶은 것을 당당하게 이뤄나가면서 주변 사람들의 지지와 응원도 받을 수 있다. 가슴이 두근거리지 않는가!

이 방법을 알게 된다는 것은 내 삶을 내가 주도하게 된다는 것을 의미한다. 이것은 내가 직장생활을 스스로 리드해 나갈 수 있다는 것과 가정생활에서 나와 배우자가 파트너가 되어서 함께 가정을 꾸려 나갈 수 있다는 것도 의미한다.

결론부터 이야기하자면, 그 방법은 세뇌를 시키는 것이다. 스스로를 세뇌시키고 주변 사람들도 세뇌시키는 것이다. 그렇게 될 것이라며 정말 구체적으로 생각하고 믿어버리는 것이다. 내가 그렇게 될 것을 생각해서 믿었다는 사실을 내가 아는데, 그것이 어떻게 세뇌냐고 반문

할지도 모른다. 그런데 이게 결코 그렇지가 않다.

스스로를 계속 속여버리면, 결국 속는지도 모르고 속아버린다. 내가 나에게 속고 나면 주변 사람들을 세뇌시키는 것은 쉽다. 그리고 주변 사람들까지 나의 생각에 동조해 준다면, 내면과 외면에 무한정 발전하는 발전기를 갖추는 것과 같다.

세뇌는 우리 일상에서도 빈번하게 일어난다. 근대에 꽤 유명했던 것은, 한국전쟁 때 중공군이 미군 포로를 대상으로 실행한 세뇌 작전이다. 현대의 TV광고도 대중을 대상으로 하는 일종의 세뇌 작업이다. 세뇌에는 크게 세 가지 원칙이 있다. 반복, 지속, 속도가 바로 그것이다. TV 광고는 바로 이런 원칙을 통해 계속되는 반복으로 메시지를 뇌에 잔상으로 남겨 우리의 선택과 판단의 기준에 영향을 주는 것이다.

세뇌(洗腦, brain wash)는 두뇌를 씻어낸다는 말이다. 앞서 사람은 바뀌지 않는다고 이야기했었다. 그간 살아온 시간이 있기 때문에 웬만큼의 외부 자극으로는 바뀔 수가 없다. 담배를 끊지 않으면 죽는다고 아무리 의사가 경고해도 못 끊는다. 술 좀 그만 먹고 운동하라고 아내가 아무리 잔소리를 해도 쉽지가 않다. 하지만 세뇌가 된다면 가능하다.

먼저 스스로 세뇌하는 방법을 알아보자. 내가 나(정확하게는 나의 뇌)를 속여야 남들도 세뇌시킬 수 있다. 우선 내가 원하는 일을 해내고 난 후 나의 모습을 명확하게 그린다. 하고 싶은 일을 해냈으니 뿌듯한 기분도 들 것이고, 성과를 냈기 때문에 내 상황도 바뀌었을 것이다. 살이 멋지게 빠졌을 수도 있다. 회사에서 중요한 프로젝트를 멋지게 성공시키고 난 후일 수도 있다. 그 기분을 마음껏 즐겨보자.

나는 아내와 결혼한 후 지금의 가정을 꾸리는 데 이 방법을 적용했고, 결과는 매우 성공적이었다. 첫눈에 사랑에 빠진 나는, 아내와의 결혼을 혼자서 결심하게 되었다. 처음 만나고 그 다음날부터 결혼을 하자며 쫓아다녔다. 처음에 아내는 나를 좀 많이 이상한 사람이라고 생각했었다. 하지만 나는 내가 생각하는 아내와의 결혼생활을 정말 자세하게 그려 나가기 시작했다.

상견례 시기, 결혼식 시기와 장소, 신혼집의 위치와 내부 가구 배치, 자녀 계획과 아이들이 어떤 모습으로 자라날 것인지, 남편으로서 나의 모습과 아빠로서 아이들과 나의 관계 등을 얼굴 볼 때마다 최대한 반복적으로, 하지만 지루하지 않게 짧고 빠르게 이야기했다. 나는 아내와 만날 때마다, 최대한 자세히 내가 그리는 우리들의 가정에 대해서 이야기해 주었다. 그렇게 우리는 결혼을 했고, 우리 가정은 나와 아내가 믿고 있는 그 그림을 지금도 계속 그려 나가고 있다.

다음은 스스로 세뇌하기 위한 4단계이다.

1. 내 가슴을 두근거리게 만드는 나만의 최종 이미지를 만들어낸다

수집하고 골라낸 이미지들을 머리 속에서 조합해 본다. 각각의 이미지에서 내가 가장 원하는 것들만으로 최종적인 이미지를 만들어낸다. 만약 그 이미지가 내가 상상하는 바로 그 이미지와 정확하게 일치한다면 가슴이 설레는 것을 느낄 수 있을 것이다.

2. 최종 이미지를 최대한 자세하게 묘사한다

최종 이미지를 말로 설명하는 연습을 한다. 처음부터 입으로 연습하면 구석구석 꼼꼼하게 설명할 수 없다. 일단은 글로 적어본다. 최종 이미지의 내 모습에서부터 설명해도 좋고, 위에서 아래로, 혹은 왼쪽 상단에서 오른쪽 하단으로 훑으면서 설명해도 좋다. 중요한 것은 내가 만든 최종 이미지의 어느 한 부분도 빼놓지 않고 글로 설명해 내는 것이다. 얼마나 자세하게 묘사하느냐에 따라 다르겠지만, A4 용지 두어 장을 넘어갈 수도 있다.

3. 최종 이미지를 총 다섯 문장 내외로 설명할 수 있게 줄인다

묘사한 글을 계속 읽어보면서 간단하게 줄인다. 이때는 총 다섯 문장을 넘기지 않도록 한다. 왜냐하면 세뇌의 3대 원칙(반복, 지속, 속도)

에 따라 언제든 쉽고 빠르게 말로 표현할 수 있어야 하기 때문이다.

4. 기회가 될 때마다 주변 사람들에게 최종 이미지를 설명해 준다

이렇게 줄인 내용을 주변 사람들에게 기회가 될 때마다 반복적으로 이야기한다. 이 단계에서는 스스로 세뇌하기 위해서 애쓸 필요는 없다. 주변 사람들에게 이야기하면서 점차 스스로 믿고 확신하게 된다. 배우자건 친구들이건 그들의 반응은 중요하지 않다. 어차피 처음 듣는 낯선 이야기라면 듣는 둥 마는 둥 하거나, 걱정과 우려를 보여줄 것이다. 하지만 반복적으로 꾸준히 빠르고 짧게 계속 이야기하다보면, 그들의 반응이 바뀌는 것이 느껴질 때가 올 것이다.

이 방법을 처음 익힐 때는 내가 생각하던 최종 이미지를 만들어내는 데 어려움을 겪을 수도 있다. 힘들게 만들어낸 그림을 설명하는데 상대방의 반응이 시큰둥할 수도 있다. 하지만 한 번 익히고 나면, 이보다 더 강력하게 나 자신과 주변 사람들로부터 든든한 지지를 받을 수 있는 방법이 없다는 것을 알게 된다.

해보자, 하는 대로 된다.

06. 죄책감 없는 휴식을 취하라

한국인들은 쉬는 것에 대해서 죄책감을 갖는다. 휴식에 죄책감을 갖지 마라. 미국 심리학자 레이먼드 포렌이 처음 사용한 '휴식에 대한 죄책감'이라는 말이 있다. 과도하게 일하는 사람들의 대부분은 늘 걱정 속에 파묻혀 살기 때문에 쉴 수 있는 기회가 생긴다고 해도 마음껏 쉬지 못한다. 휴가를 즐기지 못한다는 말이다.

요즘은 심지어 Workation (Work + Vacation)이라는 말도 생겼다. 이런 사람들은 그토록 열심히 살고도 하루를 마무리할 때면 '할 일을 다 못 했다'고 좌절한다. 나도 한동안 이런 상태에서 일을 했던 것 같다. 이런 상태가 오면 가정생활과 직장생활 모두에서 죄책감을 느낀다. 회사의 업무가 아직 밀려 있다는 압박과 일 때문에 충분히 놀아 주지 못한 아이들과 아내에 대한 미안함이 든다. 이렇게 죄책감과 압박에 시달리다 문득 나 자신을 위한 여유와 시간이 전혀 없었다는 생각이 들면, 스스로에게 미안한 마음과 허무한 마음이 들기도 한다. 나는 열심히 일을 했는데, 회사에는 아직 일이 남아 있고, 가족들에게는 충실하지 못한 미안함이 들고, 내 몸을 이렇게 혹사시키는 것이 미안했다.

그림 27. 일과 휴식을 제대로 조화시키지 못하면 번아웃 되어버린다. resilience 가 필요하다.

　　이런 압박감에 시달리기 시작하면 더 이상 직장에서의 생산성, 업무 효율이 문제가 되지 않는다. 열심히 일하고 죄책감을 느끼다 무기력해져 일상생활에서의 의욕이 사라져버리는 '번아웃 증후군'(burnout syndrome)을 겪을 위험이 커진다. '번아웃 증후군'이란 한 가지 일에만 몰두하던 사람이 신체적·정신적인 극도의 피로감으로 인해 우울증, 무기력증, 자기혐오, 직무 거부 등에 빠지는 증상을 의미한다. 특히 과도한 업무와 매일 야근에 시달리는 직장인에게 자주 나타나, '직장인 번아웃 증후군'이란 이름으로 불리기도 한다.

한 취업포털사이트에서 남녀 직장인 601명 대상으로 설문 조사를 한 결과, 응답자의 74.7%가 자신이 '번아웃 증후군'이라고 응답했다. 그리고 이런 추세는 젊은 직장인들을 위주로 점점 더 증가하고 있다. 내가 느끼는 좌절감을 대부분의 다른 사람들도 느끼면서 일하고, 생활하고 있는 것이다.

정말 서글픈 일이 아닐 수 없다. 이런 '번아웃 증후군'을 극복하기 위해서는 굳은 결심이 필요하다. 이미 무기력감을 느끼고 있는 상황이라 한 번에 결단성 있게 단호해지기는 어렵지만, 한 걸음 한걸음씩 극복해 나가야 할 것이다.

어제 밤에도 제대로 푹 못 자고 아침에 급하게 세수하고 로션을 바르는 자신에게 수고했다는 말을 해본 적이 있는가. 나는 세수할 때 거울 속의 나에게 소리 내서 "잘 하고 있어! 수고한다! 오늘도 재미있을 거야! 힘내!"라고 격려해 준다. 크게 소리 낼 필요는 없다. 작게라도 내 귀에 들리면 된다. 어색해 할 필요도 없다. 내가 세상에서 가장 소중한 나에게 해주는 파이팅이다.

나는 대구에서 영업을 하던 시기에 자동차 안에서는 오디오북과 강의를 듣고 다녔다. 그때 개그우먼 조혜련의 강의 중에 이런 말이 있었다. "세상에서 가장 치열하고 열심히 살고 있는 자신에게 사랑한다, 수고한다는 따뜻한 말을 해준 적이 있느냐?" 운전을 하고 있던 나는 조혜련이 시키는 대로 조그맣게 따라해 보았다. 차 안에 혼자 있었으니 무슨 상관이 있겠는가! 그런데 나는 "수환아, 수고가 많다. 고생한다. 사랑한다." 라고 스스로에게 말을 하다가 그만 눈물이 왈칵 터져버렸다. 그때 가슴이 뜨거워지던 그 기분은 아마 '인정', '존중'이었던 것 같다. 아무도 알아주지 않고, 아무도 내가 무엇을 하고 있는지 모를 거라고 생각하고 있었는데, 내가 가장 사랑하는 사람에게서 인정과 존중을 받는 기분이었다.

스스로가 스스로를 인정해 줘야 한다. 내가 진심으로 나를 사랑하고 있다는 것을 나에게 알려줘야 한다. 내가 내 몸의 하나 하나에 감사한 마음을 갖고 있다는 것을 알려줘야 한다. 그러기 위해서 간단하게 다음과 같이 해보자.

1. 아침에 세수를 할 때 거울을 보고 나 자신과 아이컨택을 한다.
2. 가장 중요한 것은, 소리를 내서 내 귀에 내 목소리가 들리도록 이야기하는 것이다.(3회 반복)
3. **고생이 많다. (이름) 너는 정말 잘 해내고 있다. 나는 (이름) 너를 정말 사랑하고 존중한다.**
4. 오른손으로 왼쪽 가슴의 심장 있는 부분을 토닥이면서 말해 보자.(5회 반복)

5. 심장아, 너도 34년(나이)이나 쉬지 않고 뛴다고 고생이 많다. 고맙고 앞으로 70년만 더 쉬지 말고 뛰어주라.

이상하고 우스워 보이겠지만, 이렇게 스스로에게 격려해 줄 때의 감동을 느껴본다면 더 이상 우스갯소리로 치부하기 어렵다. 자주 하게 될 것이다. 일어나는 것이 힘들고, 하루를 시작하기 두려운 날에는 내가 나에게 힘을 주는 것부터 시작해야 한다. 내가 스스로 파이팅 하지 않으면 누구도 나를 응원해 줄 수 없다.

'번아웃 증후군'이 무서운 것은 나의 내면부터 무너뜨리기 때문이다. 직장과 가정에서 무기력해지는 것도 큰일이지만, 내가 힘을 잃어버리면 누구도 나를 일으켜세우지 못한다.

며칠 동안만 아침마다 나에게 격려와 존중을 보여주자. 스스로에게서 에너지를 받을 수 있다. 이 문제만 해결되면 그 다음 직장, 가정에서의 번아웃은 비교적 간단하게 극복할 수 있다.

직장과 가정에서 에너지를 북돋아주려면 직장과 가정에서의 휴식에 당당해져야 한다. 우리는 회사에서 높은 강도의 업무에 시달리고, 집에서는 가정을 돌보는 높은 강도의 일들에 다시 시달린다. 문제는, 체력은 한순간에 악화되는 것이 아니라 점점 소모되기 때문에 어느 정도까지는 지치는지 모르고 일을 한다는 것이다. 그렇게 특정 프로젝트, 업무에 몰입하여 일을 하다가 에너지가 방전되는 순간 번아웃이 되어버리면 마치 형광등이 꺼지듯 의욕이 Off 상태로 되어버린다.

이렇게 되면 더 이상 혼자의 문제가 아니게 된다. 가족들이 본인의 무기력에 영향을 받고, 직장에서 맡은 일을 해낼 수 없는 상태가 되기 때문에 팀과 동료들의 업무에도 악영향을 주게 된다. 무엇보다 스스로 번아웃 상태를 탈출하기가 어렵기 때문에 신체적·정신적인 극도의 피로감으로 인해 우울증, 무기력증, 자기혐오, 직무 거부로 고통을 받게 된다.

직장과 가정에서의 '번아웃 증후군'을 예방 혹은 극복하기 위해서는, 가장 쉽고도 어려운 일 '휴식에 당당해지는 것'이다. '누가 회사에서 쉴 수 있겠어, 어떻게 퇴근하고 집에서 쉴 수가 있겠어.'라고 생각하면 우리 생활에서 휴식을 갖기란 불가능해진다. 어떻게든 강제적이고 적극적으로 휴식을 즐겨야 한다. 그 방법을 다음 장에서 알아보자.

07. 제대로 쉬는 법

내려갈 때 보았네
올라갈 때 보지 못한
그 꽃
– 고은 작은 시편 『순간의 꽃』 중에서

이 장에서는 인생의 두 마리 토끼, 직장과 가정을 제대로 잡는 법과 제대로 잡기 위해서 준비하는 법을 알아보자.

앞장에서 스스로에게 따뜻한 격려와 인정을 보냈다. '내가 그동안 나에게 너무 고마워하지 않았구나' 하는 생각이 든다면 지금부터는 변화를 만들어낼 수 있다. 당장은 회사생활이 내 삶에 절대적인 영향을 미치고 있다고 생각할 수도 있고, 내가 쉬면서 재충전해야 하는 가정 역시 내 삶의 또 하나의 짐으로 느껴질 수도 있다.

하지만 직장과 가정이라는 두 마리 토끼는 결국 내가 둘 다 잡아야만 한다. 둘 중 하나라도 놓치게 된다면, 우리의 삶이 충분히 성공적이 었고 행복했다고 이야기하기 어려울 것이다.

우리는 직장생활도 잘 해나갈 수 있고, 가정생활도 충분히 잘 할 수 있는 사람이다. 다만 균형이 깨진 삶을 살다 보니 잘할 수 있는 에너지를 회복하지도, 그리고 잘할 수 있는 만큼의 시간을 투자하지도 못하고 있는 것이다. 에너지를 회복하고 내 시간을 확보하는 것을 '회복력 (리질리언스, resilience)'이라고 한다. 리질리언스는 고무공의 탄성, 역경을 이겨내는 긍정적인 힘, 복원력, 그리고 맷집 정도로 생각할 수 있겠다.

세상에서 가장 우선시되고, 소중한 것이 '나'라는 것에 동의해야 한다. 내가 내일 죽는데, 100억 원이 내일 내 계좌로 입금되는 것이 무슨 상관인가? 내가 열심히 일한 스트레스로 암에 걸리는데, 회사가 전 세계에서 1등을 하는 것이 무슨 상관인가? 극단적일 수도 있지만, 생각해 봐야 한다. 내가 일하는 이유가 무엇인지, '나'보다 앞선 다른 이유가 있을 수 있는지….

내가 가장 소중하다는 결론에 동의한다면, 직장과 회사에서 다음과 같은 방법으로 '회복력'을 키울 수 있다. 참고로 이 회복력은 선천적인 부분도 어느 정도 작용하고, 개인이 살아오면서 겪은 경험들에도 영향을 받는다. 하지만 많은 연구들에서 이 회복력이 독특하거나 특별한 자질만은 아니며, 개발이 되는 능력이라는 것을 확인했다.

30년에 걸쳐 어린이들을 장기간 관찰한 한 유명한 연구에 의하면, 빈곤이나 가정불화, 정신질환자 부모 등의 요인으로 인해 '고위험군'으로 분류된 1/3 어린이들이 성장기에 그들이 겪은 갖은 스트레스와 역경에도 불구하고 능력 있고 자신감 넘치는 성인으로 성장한 것으로 나타났다. 그러므로 이 '회복력'은 후천적으로 충분히 기를 수 있는 능력이라는 것을 염두에 두고 다음과 같은 방법들을 실천해 보자.

직장에서

직장생활은 조직생활이다. 그러므로 우선 동료들에게 도움을 구하자.

- 업무에 일정 시간 동안 (예를 들어 90분 알람을 적용해서) 집중한 후에는 동료들과 함께 하고 있는 일, 맡은 프로젝트에 대한 동료들의 의견 등을 구하는 시간을 확보하자. 혼자 보내는 시간보다 함께하는 시간이 정보 공유와 기분 전환 모두에 좋은 것은 당연하다.

- 적극적인 휴식에서 오는 긍정적인 기대를 공유하자. 업무에 집중하다가 잠깐 바람 쐬고 계단을 오르내리는 것은 시간을 버리는 것이 아니다. 이렇게 쉬고 나면 긍정적인 변화(예를 들어 새로운 아

이디어, 집중력 다시 올리기, 기분 전환 등)가 나타날 것이라고 동료들에게 이야기하자. 이런 선포는 실제화되는 데 도움을 준다.

- 회사의 업무들은 항상 시간과 함께 흘러가는 유동적인 것들임을 잊지 말자. 지금 산더미처럼 많은 일들이 쌓여 있다고 해도 결국 내가 통제할 수 있는 일은 한정적이다. 그리고 통제할 수 없는 일들은 대부분 시간이 쓸고 지나가면 흐려지는 경우가 많다.

- 그날 혹은 한 주를 마무리할 때 나만의 시간을 가져 본다. 나의 하루를 돌아보는 일을 집에 와서 혹은 주말에 집에서 하는 경우가 있는데, 좋지 않다. 집과 주말은 나의 가정과 휴식에만 쓰여야 한다. 회사 일을 되돌아보는 시간은 회사에서 갖자. 잠시 물 한잔을 마시는 시간일 수도 있고, 화장실에서 볼 일 보는 짧은 시간이라도 괜찮다. 그동안 내가 해치운 일들을 돌아보고, 남아 있는 것들 중 제일 중요한 한 놈만 골라내자. 그리고 화장실에서 나가서 바로 해치우고 퇴근하자.

가정에서

가정생활도 역시 조직생활이다. 배우자와 아이들이 조직 구성원이다. 그러므로 이 조직 구성원들에게 도움을 요청하자. 혼자서 끙끙거리면서 해결 안 되던 일이 해결될 수도 있다. 설사 해결이 안 되더라도 다들 힘든 일이라는 것을 알게 된 셈이니 나름대로 의미가 있다.

- 앞서 이야기한 것처럼 도움을 요청하자. 내가 지금 회복해야 하는 상태임을 알리고, 나에게 필요한 것이 무엇인지 정확하게 이야기해 주자. 나에게 필요한 것이 외식일 수도 있고, 혼자 있는 시간일 수도 있다. 휴직일 수도 있고, 퇴직일 수도 있다. 중요한 것은 내 상태를 가정에서의 내 동료들이 정확하게 알아야 한다는 점이다. 가족에게 도움을 받을 수 있을지 없을지는 그 다음 문제이다. 사실 가족들이 내 상태를 알아주고 인정해 주는 것만으로도 큰 위로를 받게 된다.

- 가정에 있는 시간은 가정에만 집중하자. 요새는 스마트폰 때문에 집에서도 결코 자유로워질 수 없다. 쉬는 것도 최대한 스마트해야 한다. 폰에 있는 특정 시간 무음 모드, 카톡에 있는 취침 모드, 이메일 앱에 있는 특정 시간 알림 해제 모드를 적극 활용하자. 연락이 온 줄 알고 피하면 미안한 일이지만, 나에게 아예 연락이 온 사실을 모르는 채라면 괜찮다. 내일 하자.

- 연락 여부를 모르기 위해서는, 집에서는 아예 스마트폰을 내려놓아야 한다. 배우자와 대화하자. 아이들과 놀아주자. 몸은 힘들어도 마음이 개운하다는 말을 실감하게 될 것이다. 아이들과 놀면서 웃는 웃음의 효과는 대단하다. TV와 스마트폰을 멀리하면 이렇게

놀아줄 시간이 생긴다.

이런 회복력을 기르기 위한 방법들의 공통점은 '혼자서는 못한다'는 것이다. 직장 동료들에게 솔직히 도움을 구해야 하며, 가족들에게도 공감과 도움을 요청해야 한다.

다른 사람에게 내가 지금 도움이 필요한 상태임을 이야기하는 것이 쉽지 않을 수 있다. 하지만 내 삶에서 나를 지켜내고, 내가 만족하는 삶을 살기 위해서는 이보다 쉬운 방법은 없다는 것을 명심하자.

| 에필로그 |

성공적인 '행복한' 삶을 위하여

이 책은 '내가 이렇게까지 가족에게 미안해 하면서 회사생활을 해야 하는가' 하는 고민에서 시작되었다. 나의 건강과 가족을 위해서 회사를 그만두고 난 후, '퇴사를 해야 했던 이유와 그런 일을 예방할 방법은 없었을까' 하는 고민에서 자료를 수집하고 공부를 시작했다.

우리가 행복한 삶을 살기 위해서는 반드시 직장과 가정 양쪽에서 다 행복해야만 한다. 공적인 성공을 위해서 희생되는 개인적인 행복은 어떤 것으로도 보상될 수 없다. 두 마리 토끼 중 한 마리만 잡으면 언젠가는 후회하는 불행한 인생이 될 수밖에 없다. 개인에게 '나'의 불행은 '온 우주'의 불행이다.

내가 회사를 그만둘 때 많은 사람들이 걱정을 해줬다. 요즘 같은 경기에 나가서 어떻게 할 생각이냐, 청년실업이 10%를 넘어서 역대 최고라더라, 다음 회사는 찾아보고 있느냐 등등. 회사를 나올 때는 나도 걱정이었고, 답이 없는 질문들이었다. 하지만 더 이상 내 시간을 이렇게 흘려보낼 수가 없어서 퇴사를 결심하게 되었다. 퇴사를 한 후에 알게 된 사실은, 지인들이 내게 하는 걱정들은 모두 그들이 자신들에게 하고 있는 걱정과 거기에 대해서 본인들이 만들어둔 핑계와 변명들이었다는 것이다.

인생이라는 한 번뿐인 긴 시간에 지금 위치는 전체 여정의 1/3 정도일 것이다. 지금 잡은 방향은 개개인마다 조금밖에 차이가 나지 않겠지만, 살아온 만큼의 시간이 더 지나간 다음에는 굉장히 다른 모습이 될 것이다. 열심히 살아낸 후 그때 내가 갖고 있는 것들이 내가 원하는 것이 아니라는 것을 알게 되면 얼마나 허무할까? 내가 원하는 것이 무엇인지 늘 생각해야 한다. 우리는 잠시 속도를 줄여서 우리가 가고 있는 방향이 맞는 방향인지를 확인해야 한다. 그리고 우리가 타고 있는 수레의 두 바퀴(직장과 가정)의 크기가 같은지도 잘 봐야 한다. 바라보고 있는 방향이 올바른 방향일지라도 바퀴의 크기가 다르면 결국 똑바로 달려 나갈 수 없다. 내가 생각하는 그 방향이 맞는지도 끊임없이 확인해야 한다. 수레의 핸들도 내가 쥐고 있어야 한다. 다른 사람이 내 인생을 조정하게 둬서는 안 될 일이다.

이 책을 쓰기 전에는, 내 인생을 균형 잡고 살아가기 위해서는 결국 '내가 내 중심을 확실하게 잡는 것'만이 가장 중요한 것이라고 생각했었다. 하지만 이 책을 쓰기 위해 자료를 정리하고 공부하면서 그것 못지않게 중요한 것은 '다른 사람과 열심히 소통하는 것'이라는 사실을 확신하게 되었다.

삶은 혼자서 살 수 없기 때문이다. 직장에서든 가정에서든 힘들고 균형이 안 맞는 것은 내가 어떤 마음인지 남들에게 전달이 안 되었기 때문이다. 우리는 다른 사람들에게 이렇게저렇게 살아달라고 이야기할 수 없다. 변할 수 있는 것도 나 자신이고, 내가 알 수 있는 것도 내 생각, 내 마음, 내 느낌뿐이다. 내가 할 수 있는 최선은, 나에 대해서 정확하게 소통하는 것뿐이다. 그렇지 않으면 상대방은 절대 나에 대해서 제대로 알 수 없다. 알지 못하면 대응해 줄 수도 없다.

책에 소개된 연구 결과, 통계 자료, 논문 등 많은 내용들은 앞으로도 변하지 않을 사실은 아니다. 5년 뒤만 해도 상황이 바뀔 테고, 그러면 또 조사 결과들은 바뀔 것이다. 하지만 그 자료들을 통해서 내가 하고 싶었던 말은 '나의 행복을 위해서는 내가 선택해야 한다'는 것이다. 다른 누구도 내 삶을 책임져 주지 않는다. 결단이 퇴사, 휴직, 이민… 무엇이든 관계없다. 나의 선택으로 내 인생이 결정된다.

사실 우리는 직장에서의 성공과 화목한 가정 중에 하나만 선택하라고 강요하는 현실에 살고 있지만, 둘 중에 하나만 선택해서는 안 된다. 반드시 둘 다 잡아야만 한다. 보통 사람의 인생에서 중요한 것은, 토끼의 크기가 아니라 두 마리 토끼를 다 잡는 것이다.

'개인의 어떠한 공적인 성공도 그의 사적인 불행을 보상할 수 없다.'

내가 늘 되뇌는 글귀이다. 또한 이 말은 내가 이번 결정을 내리는 데 큰 기준 같은 역할을 했다. 이 책에 실린 단 하나의 내용이라도 당신이 중요한 결정을 내려야 할 그 순간에 도움을 줄 수 있었으면 하는 바람이다.

마지막으로 이 책을 마칠 수 있도록 남편을 믿고 존중해 준 아내 김소연과 몸과 마음이 지쳐 돌아오는 아빠를 꼬옥 안아주는 다현이, 도훈이에게 고마움과 내 사랑을 전한다.

| 참고문헌 |

1. 당신의 삶이 행복해지려면 me-first

저출산고령화 사회의 국민인식 조사 – 한국보건사회연구원 2011

2014년 생활시간조사 결과 (연령별 시간부족, 피곤함 정도) – 통계청 2014

대한민국 직장인 평균 근무시간 – 사람인 2014

한국인의 섹스리스 실태 – 동아일보, 한국성과학연구소 2014

공부를 시작한다면 그 이유는 무엇인가 – 세종사이버대학교 2013

2014 서울서베이 도시정책지표조사 – 서울시 2014

경영의 새 話頭 : 일과 생활의 균형(WLB) – 삼성경제연구소 2006

일과 삶의 조화를 어떻게 이루는가 – TED, 나이젤 마쉬 2010

How to Achieve Work – Life Balance in 5 Steps – Eric Barker, Times, 2014 April

취업희망기업 2014 – 잡코리아 2014

2. 가장 중요한 것은 '지금 행복'

'돈과 여가생활' 설문조사 – 커리어 2014

섹스리스 커플의 증가와 부부 만족 – 경기도가족여성연구원 2012

The ONE Thing: The Surprisingly Simple Truth Behind Extraordinary Results – Gary Keller, 2013

The Effective Executive: The Definitive Guide to Getting the Right Things Done (Harperbusiness Essentials) – Peter Drucker 2006

The Decision Book: 50 Models for Strategic Thinking – Mikael Krogerus 2013

3. 내 삶에 큰 축, 직장에서 착한 이기주의로 사는 법

인드라 누이 인터뷰, 펩시의 최고경영자(CEO) – 동아비즈니스리뷰 2010

새로운 세대의 부모와 자녀 – 학지사 2006

Rapoport, R. & Rapoport – R. R Leisure and the Family Life Cycle, Routledge- 1975

4. 결국 내가 돌아가 쉴 곳, 가정에서 착한 이기주의로 사는 법

그 남자의 욕구, 그 여자의 갈망 – 윌라드 할리

행복한 결혼생활을 위한 부부 대화법 – 최규련 교수

부부가 함께 말하기와 듣기 – 최규련 교수

가족 관계론 – 최규련 교수

화성에서 온 남자, 금성에서 온 여자 – 존 그레이

How satisfied are you with your sex life – SKIM Healthcare, Eli Lilly, 2011

업무구조, 조직문화, WLB제도가 조직유효성에 미치는 영향: 일과 생활의 균형의 매개효과를 중심으로 – 김종관, 이윤경 2009. 인적자원관리연구

규칙적인 운동이 일과 가정의 균형을 찾는 데 도움이 됩니다 – 하버드 비즈니스 리뷰 2014

저녁 있는 삶 (저녁 없는 삶470만명..장시간 노동에 찌든 나라) – 한겨례 2014. 10

저녁 있는 삶 (벼랑에 선 맞벌이들) – 한겨례 2014. 10

저녁 있는 삶 (맞벌이 느는데..'육아 보장 않는 사회' 그대로) – 한겨례 2014. 10

저녁 있는 삶 (저녁이 있는 삶과 창의력) – 한겨례 2014. 11

2013년 지역별 고용조사 – 통계청 2013

일-삶의 균형(work-Life balance)과 노동시간 – 민주사회정책연구원 16권

KOSIS 100대 지표 – 통계청 인구동향조사 2014

5. Communication; 두 마리 토끼를 잡는 단 하나의 비법

결혼의 수학:동적 비선형 모델(The Mathematics of Marriage: Dynamic Nonlinear Models) – 제임스 머리(James Murray), 존 고트먼(John Gottman)

아빠와 자녀의 소통 – 한국워킹맘연구소(소장 이수연)

21세기의 기업 리더들이 일과 사생활을 조화롭게 꾸려가는 방법 – Harvard Business School

6. 행복과 성공의 밸런스: 착한 이기주의 실천하기

Expedia's 2013 Vacation Deprivation Study Reveals Stark Global Disparity in Work-Life Balance– Expedia, 2013

OECD report

좋은 기업을 넘어 위대한 기업으로 – 짐 콜린스

무엇이 우리를 일하게 하는가 – 한호택

착한 이기주의

초판발행 | 2016년 3월 3일

지은이 | 김수환

펴낸곳 | 리즈앤북
펴낸이 | 김제구
인쇄 · 제본 | 한영문화사

출판등록 제22-741호(2002년 11월 15일)
주소   121-842 서울시 마포구 잔다리로 77 대창빌딩 402호
전화   02)332-4037
팩스   02)332-4031
이메일 ries0730@naver.com

ISBN 979-11-86349-47-2 03330